Reinhold Ebertin

Direktionen – Mitgestalter des Schicksals

Reinhold Ebertin

Direktionen –
Mitgestalter des Schicksals

Ebertin Verlag
Freiburg im Breisgau

CIP-Titelaufnahme der Deutschen Bibliothek

Ebertin, Reinhold:
Direktionen – Mitgestalter des Schicksals /
Reinhold Ebertin. –
12. Aufl. – Freiburg im Breisgau: Ebertin, 1988
ISBN 3-87186-070-0

Mit 157 Zeichnungen

12. Auflage 1988
ISBN 3-87186-070-0
© 1973 by Ebertin Verlag, Freiburg im Breisgau.
Alle Rechte vorbehalten.
Gesamtherstellung: Rombach GmbH Druck- und Verlagshaus,
Freiburg im Breisgau.
Printed in Germany

INHALT

Vorwort	5
Tages-, Jahres- und Lebensrhythmus	7
Was ist eine Direktion?	10
Wohnungswechsel	11
Trennung von den Eltern	11
Zweimal Wohnungswechsel	11
Operation	12
Trennung von der Heimat	13
Von der Frau verlassen	13
Tod der Mutter	14
Liebesehe	14
Heirat – Verwundung	15
Die Sonnenbogen-Direktion	16
Das Jahreskosmogramm	17
Direktionen auf dem Arbeitsgerät	22
Plötzliche Eheschließung einer Frau	23
Ehekonstellation des Ehemannes	27
Liebesverbindungen	29
Heirat von John F. Kennedy	29
Heiratskonstellation von Jacqueline Kennedy	31
Heirat von Petra Krause	32
Heirat von Gudula Blau	33
Heirat von Elly Beinhorn	34
Heirat von Anthony Armstrong-Jones	35
Heirat von Prinzessin Margret Rose	35
Eva Bartok heiratet Curd Jürgens	35
Farah Diba heiratet den Schah von Persien	36
Heirat und Liebesskandal von John D. Profumo	36
Christine Keeler	37
Gerda Munsinger	38
Helga Matura	38
Heirat der Katharina von Anhalt	39
Heirat der Elisabeth von Bayern	40
Heirat mit einem Sadisten	41

Liebestrennungen 43

Scheidung von Ingrid Bergman 44
Romy Schneider trennt sich von Alain Delon 45
Prinzessin Soraya wird vom Schah getrennt 46
Ehescheidung von Brigitte Horney 47
Eheaufhebung durch arglistige Täuschung der Frau 47
Kosmogramm des getäuschten Ehemannes 49
Das kurze Glück von Axel Broström 51
Trennung einer »sinnlosen Ehe« 53
Eine »saturnische Ehe« 54

Geburten

Wann erfolgt eine Geburt? 56
Eva Bartok 58
Romy Schneider 60
Königin Juliana 62
Prinzessin Margret Rose 62
Geburt eines künstlich gezeugten Kindes 63

Fehlgeburten, Totgeburten

Absichtliche Fehlgeburt 64
Das dritte Kind der Jacqueline Kennedy 65
Tragisches Geschick einer jungen Frau 67
Elke Sommer 69
Schwangerschaftsunterbrechung 70
Geburt eines entwicklungsgehemmten Kindes 71
Geburt eines Contergan-Kindes 72
Totgeburt 76

Unfälle, Verletzungen

Autounfall 80
Tödlicher Autounfall 82
Flugzeugabsturz 83
Tödlicher Sturz vom Pferd 84
Unfalltod durch Lastauto 85
Tod durch Schlagwetter 86
Durch Lastauto zerquetscht 87

Krankheiten, Operationen

Zuckerkrankheit im Kindesalter 89
Kinderlähmung 90
Blinddarmoperation, Mandeloperation 91
Galleleiden, Prostataleiden 92
Lungentuberkulose 94
Nierenkolik 98
Multiple Sklerose 100
Penicillin-Krankheit 101
Wahnvorstellungen 103
Depression 104
Selbstmordversuch der Brigitte Bardot 106

Erfolge und Fehlschläge

Prognose einer Berufsveränderung 108
Max Schmeling 114
Gustav Scholz 115
Marika Kilius 116
Jürgen Bäumler 116
Romy Schneider 117
Bergsteiger Hermann Buhl 118
Der Großindustrielle Friedrich Flick 121
Der Autoindustrielle Carl F. W. Borgward 123
Gottlieb Duttweiler 126
Friedrich von Bodelschwingh 128
Henri Dunant 129
Alfred Krupp 130
O. R. Henschel 133
Totogewinnerin Fahlen 135
Totogewinn eines Italieners 136

Ähnliche Direktionen – ähnliche Ereignisse

Mars-Jupiter-Direktionen

Paul Getty: Beginn des Reichtums 137
G. B. Farina: Gründung der Karosserie-Fabrik 137
Dr. Klaus Mehnert; erste Weltreise, Bucherfolg 137
Eugen Sänger erhält Forschungsinstitut 138
Pascual Jordan und die Quantenmechanik 138

Jupiter-Pluto-Direktionen

Königin Fabiola lernt ihren Mann kennen 139
Prinzessin Irene von Holland 139
Karl Hugo von Bourbon-Parma 140
Anne Marie von Dänemark 140
Heidi Dichter 141

Uranus-Pluto-Direktionen

Adolf Hitler wird Reichskanzler 141
Sukarno wird Präsident 141
Harold Wilson wird Führer der Labour-Party 141
Ollenhauer wird Zweiter Vorsitzender der SPD 141
Wolfgang Leonhard, Wandlung 143

Mars-Neptun-Direktionen 144

Spion Frenzel verhaftet 144
Spion Helbig verhaftet 144
Dr. Bruno Kreisky verhaftet 145
SS-General Wolf verhaftet 145
Rudolf Augstein verhaftet 146

Saturn-Sonne-Direktionen 147

Tod von Dr. Gustav Stresemann 147
Tod von Franz Werfel 147
Tod von Georg Trakl 147
Tod durch Salzsäure 147
Tod des Sohnes von Red Skelton 147
Tod des Bischofs Franz Deman 148
Welche Lehren sind aus der Beispielsammlung zu ziehen? 150

Direktionale Entsprechung 151

  I. Kontakt – Freundschaft – Liebe 151
 II. Kontaktstörungen, Entfremdungen, Trennungen,
     Scheidungen 152
III. Geburten, Fehlgeburten, Totgeburten 155
IV. Unfälle, Verletzungen, Operationen 157
 V. Krankheiten 158
VI. Erfolge 158

Wesentliche Konstellationen in den Beispielen 161

Literaturhinweise 167

VORWORT

Die erste Auflage dieses Buches kam bereits im Jahre 1931 als das dritte Bändchen einer Lehrbuchreihe heraus:

1. Wege zum Horoskop
2. Transite
3. Direktionen.

Das Buch "Wege zum Horoskop" erschien 1927 im Regulus-Verlag, Görlitz, und wurde nach 1933 vom Ebertin-Verlag, Erfurt, übernommen. Nach einer Auflage von 10 000 Exemplaren wurde es nicht mehr herausgegeben, weil Titel und Inhalt mit den fortgeschrittenen Forschungen und Erkenntnissen des Verfassers nicht mehr vereinbar waren. Das zweite Bändchen "Transite" ist mit einer Auflage von 20 000 Exemplaren besonders stark verbreitet worden, nachdem es gegenüber der ersten Fassung eine bedeutende Erweiterung und Umgestaltung erfahren hatte.

Das dritte Bändchen fand 1931 im Umfang von nur 32 Seiten unter dem Titel

DIREKTIONEN

Welches Jahr ist günstig für mich?

eine sehr gute Aufnahme. So schrieb Professor SCHWARZ-BOSTUNITSCH darüber: "Man muß es REINHOLD EBERTIN zubilligen - er hat im knappen Rahmen eines kleinen Buches Hervorragendes an Fülle, Klarheit und Übersichtlichkeit des Gebotenen geleistet. Die Beispiele aus dem Leben, astrologisch zusammengefaßt, berechnet und gedeutet, sind geradezu klassisch zu nennen. - Alles in allem: eine wertvolle, notwendige und preiswerte Bereicherung unserer astrologischen Literatur."

In der damaligen Zeit setzte die erste Kritik an der traditionellen Astrologie wie auch an revolutionären Neuerungen ein. Der Verfasser stellte sich daher die Aufgaben,

1. die echten Grundlagen der Direktionslehre herauszustellen,
2. die Aussage-Elemente zu beschränken und in allen Teilen auszuwerten.

Da in den verschiedenen Lehrbüchern der damaligen Zeit die vorgeführten Beispiele nur metagnostisch untersucht wurden, also die Entsprechungen von Lebensereignissen und kosmischen Konstellationen nachträglich herausgearbeitet wurden, suchte man immer wieder nach neuen Elementen, die aber dann in ihrer Fülle gar nicht alle ausgewertet werden konnten. Wie sollte man sich aus den oft mehr als hundert Beziehungen zwischen den dirigierten Positionen und den Grundkonstellationen, Häusern, sensitiven Punkten, Spiegelpunkten, Transneptunplaneten usw. überhaupt zurechtfinden?

Das Direktionsbuch hat mehrere Umarbeitungen erfahren. Nach dem Zweiten Weltkrieg wurde zunächst ein photomechanischer Neudruck eines erhaltenen Exemplares vorgenommen. Da eine weitere Umarbeitung und Erweiterung geplant war, ist das Buch jahrelang vergriffen gewesen. Erst auf der 18. Arbeitstagung für kosmobiologische Forschung im August 1966 in Aalen wurde das Thema unter dem Titel "Direktionen als Schicksalskünder" wieder aufgegriffen. Mit diesem Thema soll aber keineswegs die Absicht verbunden werden, Rezepte für eine "Schicksalsvorschau" zusammenzustellen, sondern es soll der Nachweis geführt werden, daß ähnliche Direktionen in verschiedenen Kosmogrammen auch einem ähnlichen Schicksal entsprechen.

Damit aber das Wort "Schicksalskünder" zu keinen falschen Auffassungen führt, wurde der Buchtitel in "Direktionen - Mitgestalter des Schicksals" abgeändert. Die verehrten Leser werden bald feststellen, daß dadurch auch Sinn und Wesen der Direktionen richtig bezeichnet wurde. Denn die kosmisch begründeten Direktionen begleiten tatsächlich das Leben als Mitgestalter neben vielen anderen Umständen, Verhältnissen und Einflüssen, die das menschliche Schicksal prägen.

Die Grundlage zu diesem Werk bilden jahrzehntelange Studien und eine reiche Sammlung von Erfahrungen. Mitarbeiter und Leser der Zeitschrift "Kosmobiologie" haben im Laufe der Jahre auch viel Material zusammentragen helfen, wofür ihnen an dieser Stelle der Dank des Verfassers ausgesprochen wird.

Möge dieses Buch nun dazu beitragen, die wunderbaren Zusammenhänge zwischen Kosmos und Leben gründlich zu erfassen, Schicksalstendenzen voraus zu erkennen und dann das Beste aus den für dieses Erdendasein mitgebrachten Anlagen zu machen.

> Die Sterne zwingen dem Menschen nicht das Schicksal auf,
> die Sterne sind vielmehr Zeichen des Himmels,
> sie zeigen Möglichkeiten und Grenzen, Zeit und Richtung,
> sein Schicksal aber gestaltet der Mensch.

TAGES-, JAHRES- UND LEBENSRHYTHMUS

Der Ablauf des Lebens entspricht kosmischen Rhythmen, und darin liegt auch der Beweis, daß jedes Lebewesen bis zu einem gewissen Grade vom kosmischen Einfluß abhängig ist. Nur der eigene Wille des Menschen kann den kosmo-biologischen Rhythmus durchbrechen, - oft zum eigenen Nachteil.

Im Tagesablauf kann man acht Phasen unterscheiden, deren Wendepunkte um 0 h, 6 h, 12 h, 18 h und in deren Halbzeiten 3 h, 9 h, 15 h und 21 h liegen.

Meteorologisch und physikalisch wechseln in diesen Zeitpunkten Maximum und Minimum von Luftdruck, Luftbewegung, erdmagnetische Oszillationen u.a.

Bei den Pflanzen ergeben sich in diesen Wendepunkten des Tages Expansions- und Konzentrations-, zentripetale und zentrifugale Phasen, Maximum und Minimum der Glukose-Produktion, Anschwellen und Abschwellen des Flüssigkeitshaushaltes usw.

Beim Menschen finden in diesen acht Zeitpunkten Maximum und Minimum der Ausscheidungstätigkeit der Leber und Nieren, Steigerung und Minderung des Blutdrucks, Steigen und Fallen der Körpertemperatur u.a. statt.

Im 36. Jahrbuch für 1965 wurden übersichtliche Tafeln nach Dr. WACHSMUTH (1) zusammengestellt. Außerdem sei auf die Abhandlungen mit ausgezeichneter Anschauungstafel von Dr. STIEFVATER (2) hingewiesen.

Diese Entsprechungen zwischen Tagesrhythmus und biologischen Vorgängen bleiben auch bestehen, wenn der Mensch nachts arbeitet und tags schläft, wobei aber auch Störungen selten ausbleiben. Wenn der Mensch in wenigen Stunden mit dem Flugzeug von einem Erdteil in den anderen fliegt, stellt sich der Organismus erst langsam auf den neuen Tagesrhythmus ein.

Man zieht gern Vergleiche zwischen dem Tages- und dem Jahresrhythmus, zwischen Morgen und Frühling, Mittag und Sommer, Abend und Herbst, Nacht und Winter. Wenn es vielen Menschen schwer fällt, am frühen Morgen aufzustehen, so entspricht das der Frühjahrskrise. Die Aktivität, die sich beim Menschen in den Stunden des Vormittags zeigt, findet sich in einer größeren Lebhaftigkeit im Frühjahr wieder. In dieser Zeit werden auch die meisten Menschen gezeugt. Das Hoch der Befruchtungen im Mai und Juni wird z.B. in Frankreich in keinem anderen Monat wieder erreicht. In den gleichen Monaten tritt auch eine Häufigkeit von Notzuchtversuchen auf. Das kindliche Körperwachstum zeigt in den Sommermonaten vorwiegend eine Streckung, im Winter dagegen eine Gewichtszunahme (3).

Nach diesen Ausführungen ist es wohl verständlich, wenn wir Kindheit und Jugend mit dem Keimen, Sprießen und Blühen, aber auch den Stürmen und Schauern des Frühlings vergleichen, wenn wir das Erwachen zu Mann und Frau, die Erkenntnis des wirklichen Lebens mit all seinen Schönheiten und bitteren Erfahrungen mit dem Reifeprozeß im Sommer vergleichen mit den wärmenden wie auch vernichtenden Sonnenstrahlen, mit fruchtbarem Regen und verheerenden Hagelschauern. Erst in der Mitte des Lebens kommt der Mensch in den Vollbesitz seiner Arbeitskraft und reicher Erfahrungen, die ihm Erfolge und Gewinn versprechen, ebenso wie in der Natur die reife Frucht geerntet wird. Ebenso wie aber im Herbst die Blätter fallen, so schwindet im Menschen auch manche Hoffnung, so daß er sich nur auf das Wesentliche und das erreichbar Mögliche konzentriert und sich immer mehr in sich selbst zurückzieht, wie auch in der Natur der Winter die Kräfte in Stamm und Wurzeln zurückdrängt, um das Leben zu erhalten.

Ebenso wie sich Tag und Jahr in bestimmten Bahnen bewegen, so geht auch der Mensch in seinem Leben durch verschiedene Perioden hindurch, die den kosmischen Rhythmen ähnlich sind.

Tag und Jahr hat der Mensch immer wieder in Beziehung zum eigenen Leben gesetzt, viele Dichter haben die Kindheit mit dem Morgen, die Reifezeit mit dem Mittag und die untergehende Sonne mit dem Abend des Lebens verglichen.

Diese Entsprechungen sind allerdings nur in den mittleren Breiten, in denen auch die meisten Menschen wohnen, gültig. Denn am Pol, wo Polartag und Polarnacht je ein halbes Jahr anhalten, stimmen Jahr und Tag überein. Das bringt uns gleichzeitig auf die wichtige Schlußfolgerung, daß man bei kosmobiologischen Entsprechungen auch die Lage des Geburts- und des späteren Wohnortes berücksichtigen muß.

Wenden wir nun die bis jetzt gewonnenen Erkenntnisse auf die Geburtsfigur oder das Kosmogramm an, das wir für den Augenblick einer Geburt aufstellen, dann erreicht die Sonne im Sommer im Zeichen Krebs ihren höchsten und im Winter im Zeichen Steinbock ihren tiefsten Stand. Demnach muß die Sonne im Krebs dem Südpunkt oder dem Medium coeli, die Sonne im Steinbock dem Nordpunkt oder dem Imum coeli entsprechen. Die Sonne in den Zeichen Widder und Waage bezeichnet dagegen die Wendepunkte im Frühjahr und Herbst zur Zeit der Tag- und Nachtgleiche.

Wenn wir uns nun eine Zeichnung vom Jahresweg der Sonne herstellen, so richtet sich der Blick vom Norden, wo die Nordländer sehnsüchtig den länger werdenden Tag im Frühjahr erwarten, nach Süden. Dann liegen Ostpunkt links und Westpunkt rechts. Das ist wohl eine Erklärung dafür, daß wir die Kosmogramme auch heute noch in dieser Form aufzeichnen, während wir auf unseren Landkarten Osten rechts und Westen links haben. Es lassen sich noch weitere Beweise erbringen, daß das kosmische Wissen aus dem Norden stammt, wo die Menschen viel stärker von den kosmischen Erscheinungen abhängig waren als in der Äquatorgegend. Es ist anzunehmen, daß das kosmische Urwissen vom Norden her durch die Seefahrer in den Mittelmeerraum mitgebracht und auch verfälscht wurde, so daß der Ursprung der Astrologie keineswegs in Babylonien zu suchen ist.

Es ist weiterhin wahrscheinlich, daß der kosmische Kreis im Norden nur in 8 Teile und später im Süden in 12 Teile zerlegt wurde. Wie falsch das sogenannte "Häusersystem" ist, wonach die Häuser vom Aszendenten aus links herum gezählt werden, geht ebenfalls aus der obigen Darstellung hervor. Nur die Reihenfolge vom Aszendenten über das Medium coeli zum Deszendenten und Imum coeli kann richtig sein, denn nur diese entspricht den Rhythmen des Tages, des Jahres und dem Ablauf des Lebens. Da wir bei den Direktionen auf die Häuser der traditionellen Astrologie verzichten können, sei nur auf das Sonderheft der "Kosmobiologie": Hermes Trismegistos, Die Lehre der 12 Häuser oder Orte (4) hingewiesen.

Daß dem Zeichen Krebs als dem Zeichen des Höchststandes der Sonne eine besondere Bedeutung zukommen muß, mögen folgende Gedanken erläutern. Wenn wir die einzelnen Tierkreiszeichen zu den Körperteilen und Organen in Beziehung setzen, so entspricht das Zeichen Krebs der Tradition nach dem Magen, der Magengrube und dem Sonnengeflecht. Es ist bekannt, daß Aufregungen von außen wie auch innere Unruhe oder Angstgefühle gerade im Sonnengeflecht am stärksten spürbar sind. Oft ist damit auch ein Unwohlsein verbunden, der Appetit setzt aus, der Magen ist "verstimmt". In solchen Fällen hat man oft das Gefühl, als ob an dieser Stelle des Körpers Schwingungen kreisen, die gegeneinander gerichtet sind. Schauen wir uns das Symbol des Krebses an, so sehen wir darin zwei zuwiderlaufende Schwingungskreise. Wenn jemand sehr große Angst hat, daß ihm "die Knie schlotterten", so sehen wir darin eine Verbindung zum Zeichen Steinbock, das den Knien entsprechen soll. Auch das Symbol dieses Zeichens zeigt zuerst eine Rechts- und dann eine Linkskurve, also wieder entgegengerichtete Schwingungen. In den Zeichen Krebs und Steinbock nimmt die Sonne auch - von der Erde aus gesehen - eine andere Richtung ein, sie "wendet" sich.

Das Zeichen Krebs entspricht auch dem Nabel. In dem Augenblick, da bei der Geburt die Nabelschnur durchtrennt wird, erwacht der Mensch zum eigenen Leben, nachdem er bisher mit der Mutter eine Lebenseinheit bildete. Es ist daher verständlich, wenn das Zeichen Krebs und auch das MC mit der Mutter in Verbindung gebracht werden kann. In Krebs und MC liegen die Angelpunkte des Lebens überhaupt. Es ist daher unverständlich, wenn bisher dem MC nicht die Bedeutung zugeschrieben wurde, die ihm eigentlich zukommt. Im Gegensatz dazu hat man den Aszendenten stets überbewertet. Über die Bedeutung von MC und AS findet man weitere Ausführungen in der "Kosmopsychologie" (5).

WAS IST EINE DIREKTION?

Aus den grundlegenden Betrachtungen dürfte hervorgegangen sein, daß die Beziehungen zwischen Jahr und Tag nicht nur interessante Entsprechungen zeigen, sondern auch die Folgerung zulassen, daß jeder Tag nach der Geburt dem gleichen Lebensjahr oder jeder Tageslauf der Sonne jedem Lebensjahr eines Menschen entspricht.

Um zunächst das Wort Direktion zu verstehen, müssen wir wissen, daß in diesem Wort zwei Bedeutungen liegen. Im landläufigen Sinne verstehen wir heute unter Direktion die Geschäftsleitung eines Unternehmens. Im 16. Jahrhundert wurde dieses Wort aus dem lateinischen Wort "directio" entlehnt, das soviel bedeutet wie ausrichten, dirigieren. Die Geschäftsleitung oder die Direktion gibt schließlich die Richtung an, in der das Unternehmen geführt werden soll. Im übertragenen Sinne kann man daher sagen, daß eine Direktion ebenfalls die Richtung angibt, die Lebensrichtung des Menschen, auf Grund von kosmischen Faktoren und deren Bewegung.

Im Laufe der Zeit wurden so viele Direktionsarten erfunden, daß es sinnlos wäre, diese vollständig anzuführen. Wir wollen uns vielmehr mit den Direktionen beschäftigen, die verständlich und auch nachweisbar sind.

Bereits in der Bibel steht das Wort bei HESEKIEL: "Ich will dir die Jahre zur Anzahl der Tage machen." Da die Sonne täglich etwa einen Grad des Tierkreises durchläuft, so könnte man auch sagen, daß

ein Grad = ein Lebensjahr

ist. Daraus ergeben sich nun drei Möglichkeiten:

1. Man rechnet durchschnittlich ein Grad = ein Lebensjahr,
2. man rechnet mit dem genauen durchschnittlichen Tagesbogen der Sonne, der etwas weniger als ein Grad beträgt, 59'08" (NAIBOD-Bogen),
3. man rechnet mit dem "individuellen" Sonnenbogen, der zwischen 57'05" und 1°01'10" schwankt.

Nach dem letzten "Direktionsschlüssel" ergeben sich beachtliche Unterschiede, die man schnell aus den "Ereignistabellen" (6) ersehen kann. Bei einem Tagesbogen von 57'05" beträgt der Direktionsbogen im Alter von 30 Jahren 28°32'30", bei einem Tagesbogen von 59'05" beträgt er in diesem Alter 29°32'30" und bei einem Tagesbogen von 1°01' in diesem Alter 30°30'. Da ein Grad etwa einem Lebensjahr entspricht, ergibt sich also bei 30 Jahren ein Unterschied von ca. 1°30' und demnach auch in der Auslösung von eineinhalb Jahren. Doch trotz dieser Unterschiede wird man die Untersuchung meistens zuerst mit dem "rohen" Bogen von ein Grad = ein Jahr vornehmen, um sich einen Überblick zu verschaffen.

Bevor wir aber zu den genauen Berechnungen übergehen, folgen zuerst einige Kurzbeispiele, und zwar zunächst auf Grund der Stellung der Gestirne in den Tierkreiszeichen. Denn wenn diese Zeichen eine Bedeutung haben sollen, so müßten sich auch Entsprechungen im Lebensablauf feststellen lassen, wenn ein Gestirn aus einem Zeichen in das andere überwechselt.

1. Beispiel: Bei einem Kinde, bei dessen Geburt die Sonne in 28° Krebs steht, nahmen die Eltern im Alter von zwei Jahren einen Wohnungswechsel vor. Die Bewegung der Sonne von 28° Krebs bis 0° Löwe beträgt 2° (= 2 Jahre). Bisher war das Kind in der Stadtwohnung zahlreichen Hemmungen unterworfen gewesen, die jetzt wegfielen, als sich das Kind in einem Zweifamilienhaus außerhalb der Stadt frei entfalten und seinem Spieltrieb im Freien folgen konnte.

Abb. 1

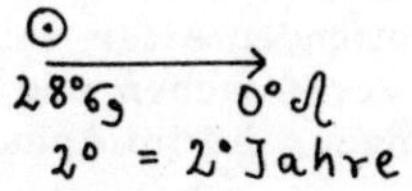

☉
28°♋ ⟶ 0°♌
2° = 2° Jahre

2. Beispiel: Ein Kind, in dessen Kosmogramm sich die Sonne in 26° Wassermann befindet, konnte sich in den ersten Jahren frei entwickeln. Im Alter von 4 Jahren trennten sich Vater und Mutter und das Kind kam zu fremden Leuten.

Abb. 2

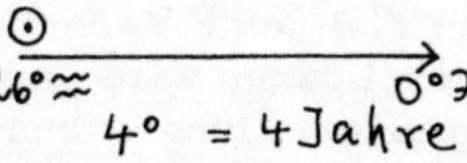

☉
26°♒ ⟶ 0°♓
4° = 4 Jahre

Als im Alter von 34 Jahren die Sonne aus dem Zeichen Fische in das Zeichen Widder wechselte, entsprachen im Leben des Mannes eine außergewöhnliche Arbeitskraft, ein sich stark entwickelndes Zielbewußtsein und eine ungehemmte Durchsetzungskraft, wodurch er fähig war, mehrere Pläne gleichzeitig in die Tat umzusetzen.

Abb. 3

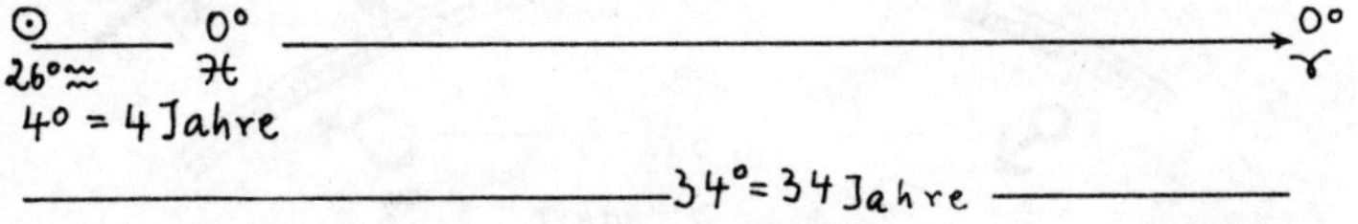

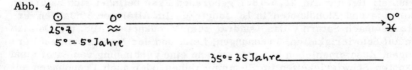

☉   0°   0°
26°♒   ♓   ♈
4° = 4 Jahre
————————————— 34° = 34 Jahre —————————

3. Beispiel: In einem weiblichen Geburtsbild befindet sich die Sonne in 25° Steinbock. Das Kind erlebte einen Wohnungswechsel im Alter von 5 Jahren und wieder von 35 Jahren.

Abb. 4

☉   0°   0°
25°♑   ♒   ♓
5° = 5° Jahre
————————————— 35° = 35 Jahre —————————

Diese roh durchgeführten Beispiele mögen zunächst einen kleinen Einblick in die Entsprechungen zwischen dem Sonnenlauf durch die Tierkreiszeichen und dem Menschenleben geben. Es muß aber gleich hinzugefügt werden, daß der Wechsel der dirigierten Sonne in ein anderes Zeichen keineswegs immer mit einem Wohnungswechsel oder einer Veränderung der Verhältnisse zusammenhängen muß. Denn die Sonne ist nur ein Faktor, und es ist durchaus möglich, daß eine solche Sonnendirektion durch andere Faktoren verstärkt oder überlagert werden kann.

In der Direktionslehre wird nun die These vertreten, daß nicht nur die Sonne, sondern auch jeder andere Faktor des Geburtsbildes mit dem gleichen Bogen vorgeschoben werden kann. Die vorgeschobenen Gestirne bezeichnen wir dann mit einem v. Jupiter v bedeutet also, daß der Jupiter um den Sonnenbogen, der dem betreffenden Alter entspricht, vorgeschoben wird. Um nun die Schreibweise zu vereinfachen und übersichtlicher zu gestalten, verwenden wir die Abkürzungen, die im Anhang des Buches besonders erläutert sind.

4. Beispiel: Eine am 26.6.1867 geborene Frau mußte im Alter von 54 Jahren eine schwere Operation durchmachen. Abb. 5 zeigt einen Ausschnitt aus dem Kosmogramm. Zwischen dem Uranus in 8°22' Krebs und Mars in 2°28' Jungfrau liegen 54 Grade, die den 54 Lebensjahren entsprechen. Eine Verbindung von Mars und Uranus ist dabei bezeichnend für einen gewaltsamen Eingriff in den Körper, wie es z.B. eine Verletzung oder auch eine Operation ist. Die Halbsumme Mars/Uranus wird geradezu als Operationsachse bezeichnet. In unserer Beispielsammlung haben wir noch einen ähnlichen Fall. Eine am 19.6.1901 Geborene mußte 1943 eine schwere Unterleibsoperation durchmachen, als Mars v im Halbquadrat zum Uranus stand.

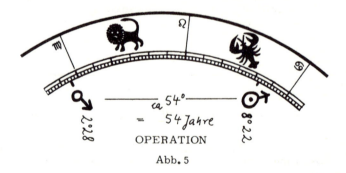

Abb. 5

5. Beispiel: Bei der am 26.6.1867 geborenen Frau befindet sich Saturn in 18° Skorpion und Mondknoten in 18° Jungfrau. Im Alter von 30 Jahren erreichte demnach Saturn v das Quadrat zum Mondknoten (Abb. 6). Da sich Saturn auf Schwierigkeiten, Trennungen, Leid, und der Mondknoten auf Verbindungen, Zusammenleben bezieht, so kann eine Verbindung von Saturn und Mondknoten Schwierigkeiten im Zusammenleben oder auch Trennungen mit

sich bringen. Im Alter von 30 Jahren mußte die Native ihre Heimat Frankfurt/Main verlassen und nach Berlin übersiedeln, wo sie sich zuerst sehr vereinsamt vorkam.

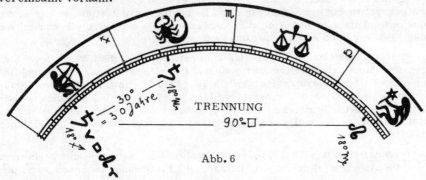

Abb. 6

6. Beispiel: Im Geburtsbild eines Mannes, der am 5.3.1877 geboren wurde, steht der Mond in 4° Schütze und der Neptun in 3° Stier (Abb.7). Im Alter von 59 Jahren wurde dieser Mann von seiner Frau verlassen. Mond ist bezeichnend für die Frau, Neptun für eine schwerwiegende Enttäuschung. Mit 59 Jahren erreicht Mond v 3° Wassermann und somit das Quadrat zum Neptun. Schieben wir nun den Neptun um 59° vorwärts, so kommt dieser auf 2° Krebs zu stehen, wo er sich in Opposition zu der Halbsumme Mars/Jupiter

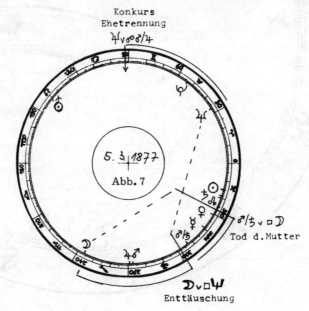

befindet. Mars/Jupiter entspricht sowohl Erfolgen wie auch Abmachungen, Verlobung und Ehe. Kommt nun der Neptun an diese Stelle, so wirkt er unterminierend, er hebt die Erfolge auf und ebenso auch eine Verbindung. Als Folgeerscheinung der Aufhebung der Ehe geriet das Unternehmen des Mannes in Konkurs, so daß sich die Auswirkung sowohl auf die Trennung von der Frau wie auch einen schweren Verlust bezieht.

7. Beispiel: Man kann auch die Halbsummen in der gleichen Weise verschieben und die Kontaktstellen mit anderen Positionen aufsuchen. Verschiebt man die Halbsumme Mars/Saturn um 26° (Abb. 7), so tritt diese ins Quadrat zum Mond. Da der Mond stets weibliche Personen, also Mutter wie Gattin, bezeichnet, die Halbsumme Mars/Saturn sehr oft bei Trauerfällen eine Rolle spielt, so wird der Zusammenhang zwischen Direktion und Erleben deutlich.

8. Beispiel: Ein am 12.11.1879 geborener Mann heiratete mit 28 Jahren. Wie aus Abb. 8 ersichtlich ist, beträgt die Entfernung zwischen Mond und

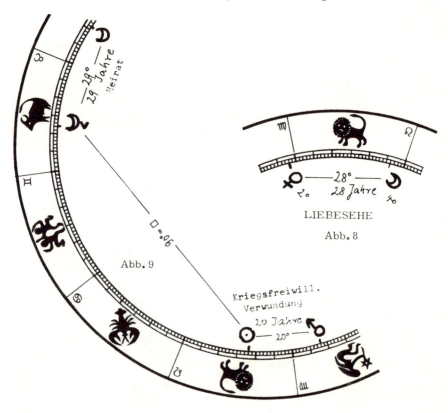

LIEBESEHE

Abb. 8

Abb. 9

Venus 28°. Da sich der Mond auf weibliche Personen und die Venus auf die Liebe bezieht, ergibt sich daraus Liebe (Venus) zu einer Frau (Mond). Wie sich der Mann seinerzeit äußerte, ist die Ehe wirklich glücklich gewesen, es sind ihr vier Kinder entsprossen.

9. Beispiel: Ein am 21.1.1891 geborener Mann heiratete mit 29 Jahren. Der Mond befindet sich in 19° Widder, die Sonne in 18° Löwe (Abb. 9). Als Mond v mit 29 Jahren auf 18° Stier zu stehen kam, bildete sich ein Quadrat zur Sonne. Sonne bezeichnet das männliche, Mond das weibliche Prinzip, eine Direktion zwischen Sonne und Mond bezieht sich daher auf Mann und Frau, bzw. auf das Zusammengehen von Mann und Frau, auf die Ehe. In dem gleichen Geburtsbild liegen zwischen Sonne und Mars 20°. Es ist daher verständlich, wenn dieser Mann sich im Alter von 20 Jahren als Kriegsfreiwilliger meldete (Sonne + Mars = der kämpfende Mann, der Soldat). Er wurde bald verwundet, auch das liegt in dieser Konstellation drin.

Diese ganz roh durchgeführten Beispiele sollen zunächst das Wesen der Direktionen erkennen lassen. Um Mißverständnisse zu vermeiden, muß aber betont werden, daß die genannten Konstellationen nicht allein für die genannten Ereignisse maßgebend sind, sondern daß die späteren Beispiele zeigen werden, daß jeweils mehrere Direktionen zusammenspielen. Ebenso muß man beachten, daß sich die gleichen Direktionen in verschiedenen Kosmogrammen auch verschieden auslösen können, weil eben die Lebensverhältnisse andere sind, obwohl die kosmischen Konstellationen übereinstimmen. Im Beispiel 5 und Abb. 6 bedeutet Saturn v = Mondknoten die Trennung von der Heimat, bei MAHATMA GANDHI dagegen entsprach sie einer Verhaftung. Unter der Umkehrung der Konstellation Mondknoten v = Saturn erlebte der Schauspieler ARNIM DAHL, der durch seine waghalsigen Kunststücke bekannt ist, mehrere Unfälle. Bei dem Politiker Dr. SCHUMACHER entsprach diese Konstellation dem Tod.

Mond v = Venus im Beispiel 7 - Abb. 8 bestätigte sich ebenfalls als Heiratsdirektion bei der Schauspielerin HANNELORE SCHROTH in Verbindung mit Rechtsanwalt KÖSTER. Unter Mond v = Venus gebar CHRISTIANE VULPIUS AUGUST GOETHE.

DIE SONNENBOGENDIREKTION

Die genauere Arbeit verlangt, daß wir nicht einfach die Anzahl der Grade und der Lebensjahre gleichsetzen, sondern den **individuellen** Sonnenbogen berechnen. Der Sonnenbogen für ein bestimmtes Lebensjahr bezeichnet den Abstand zwischen der Sonnenstellung am Geburtstag und der Zahl der Tage, die dem betreffenden Lebensjahr entspricht. Wir können das auch in einer Formel ausdrücken:

$$\begin{aligned}&\text{Geburtstag}\\&\underline{+\text{ Tage als Lebensjahre}}\\&=\text{Indextag}\end{aligned}$$

$$\begin{aligned}&\text{Sonnenstand am Indextag}\\&\underline{-\text{ Sonnenstand am Geburtstag}}\\&=\text{Sonnenbogen}\end{aligned}$$

10. Beispiel: Weibliche Geburt am 26. Juni 1919 in Stettin um 9 h MEZ. Aufgabe: Es sind die Sonnenbogen-Direktionen für das 14. Lebensjahr bzw. das Jahr 1933 zu berechnen. Zeichnung siehe Abb. 10.

Für das 14. Lebensjahr müssen wir 14 Tage zum Geburtstag hinzuzählen:

$$\begin{aligned}&26.\text{ Juni }1919\\&\underline{+14\text{ Tage}}\\&=40.\text{ Juni}\end{aligned}$$

Der Juni hat nur
$$\begin{aligned}&\underline{-30\text{ Tage}}\\&=10.\text{ Juli }1919=\text{ Indextag.}\end{aligned}$$

Die Sonne steht am 10.7.1919 in 17°10'15" Krebs
Die Sonne steht am 26.6.1919 in -3°49'15" Krebs

Sonnenbogen für 14 Jahre = 13°21'00"

Die Berechnung des Sonnenbogens ist einfacher, besonders wenn man mehrere Ereignisse im Leben untersuchen will, bei Benützung der "Ereignistabellen" (6). Diesen Tabellen liegt das Ziel zugrunde, nur einmal den Sonnenbogen zu berechnen und für die verschiedenen Lebensjahre den Bogen nur abzulesen. Nach der Tabelle I "Jahreslauf der Sonne" ist der Geburtstag 26. Juni, der 177. Tag des Jahres. 14 Tage hinzugezählt, ergibt den 191. Tag des Jahres.

Sonnenstand am 191. Tag = 197°44'02"
Sonnenstand am 177. Tag = 184°23'10"

Sonnenbogen = 13°20'52"

Bei den Tabellen, die unsere Arbeit bedeutend erleichtern, müssen wir allerdings kleine Ungenauigkeiten mit in Kauf nehmen. In diesem Falle sind es also 8 Sekunden.

Um nun den "mittleren Sonnenbogen" für das ganze Leben zu erhalten, gehen wir von einem allgemeinen Höchstlebensalter von 90 Jahren aus und nehmen davon die Mitte, also 45 Jahre. Wir zählen zum Jahrestag des Geburtstages, also zu 177 die eben genannten 45 Tage hinzu und erhalten 222 Tage.

    Die Sonne am 222. Tag steht in 227°21'49"
    Die Sonne am 177. Tag steht in 184°23'10"

    Sonnenbogen für 45 Jahre   42°58'39"
                 =========

In Tabelle II findet man unter "Tagesbögen der Sonne" auf Seite 10 als nächsten Wert die Angabe 43°00' und am Kopf der Spalte den

  mittleren Tagesbogen der Sonne für diese Geburt 0°57'20".

Nun kann man für jedes Lebensalter den Sonnenbogen ablesen und erhält für 14 Jahre 13°22'40". Gegenüber der ersten Berechnung stellen wir wieder eine kleine Differenz von 1'40" fest. Das macht für das ganze Jahr in der Auslösungsmöglichkeit der Direktionen vielleicht einen Unterschied von 10 Tagen aus. Da man bei der Auslösung aber mit einem Umkreis von einem halben Jahr rechnen muß, spielt also diese kleine Differenz keine Rolle. Außerdem muß man berücksichtigen, daß immer mehrere Faktoren bei der Auslösung eines Ereignisses zusammenwirken und sich der Mittelwert aus der Vielfalt der Faktoren nicht errechnen läßt.

DAS JAHRESKOSMOGRAMM

Für eine gründliche Arbeit ist es unerläßlich, neben dem üblichen Tierkreis auch den 90°-Kreis einzusetzen. Diese Arbeitsweise ist in unzähligen Fällen erprobt. Kritiker, die sich wirklich mit dieser Methode befaßt und sich nicht nur ein Urteil ohne praktische Erfahrung angemaßt haben, wurden in kurzer Zeit von dem Wert dieser Methode überzeugt, die fast ein halbes Jahrhundert besteht und besonders auf den Hamburger Forscher ALFRED WITTE zurückgeht. Obwohl die Arbeitsweise in fast allen Büchern des Verfassers erläutert wurde, sei ganz kurz das Wesen zusammengefaßt, wobei Abb. 10 als Beispiel herangezogen werden kann. Der 90°-Kreis ist in erster Linie ein Meßkreis, der neben dem Tierkreis für sich besteht. Man denke sich die einzelnen Quadranten des 360°-Kreises jeden für sich als Kreis zusammengezogen und konzentrisch wieder miteinander verbunden. Dann fallen in die ersten 30° die Kardinalzeichen Widder, Krebs, Waage, Steinbock, in 30-60° die festen Zeichen Stier, Löwe, Skorpion, Wassermann und in 60-90° die beweglichen Zeichen Zwillinge, Jungfrau, Schütze, Fische. Alle Faktoren, die in Konjunktion, Quadrat, Opposition stehen, fallen demnach zusammen. Auf diese Weise kann man nicht nur die wesentlichen Konstellationen im Geburtsbild rasch erfassen, sondern man kann auch die direktionalen Bewegungen gut überblicken.

Will man sich über die Sonnenbogendirektionen eines bestimmten Jahres einen rohen Überblick verschaffen, dann verwendet man die durchsichtige Rechenscheibe. In unserem Beispiel stellt man die Grade jeweils auf einen Faktor ein und untersucht, ob der Zeiger einen anderen Punkt trifft. Da wir das Alter von 14 Jahren untersuchen wollen, stellen wir z. B. den 14. Grad auf den Neptun ein und finden - linksherum - den Zeiger in die Nähe des MC gerichtet (Abb. 11). In dieser Weise kann man alle Faktoren durchgehen und hat in wenigen Minuten einen Überblick über die wesentlichen Direktionen etwa im Umkreis eines Jahres. Es gibt keine andere Methode, mit der man die fälligen Direktionen so rasch erfassen kann.

Für die genaue Untersuchung muß man nun die vorgeschobenen Positionen berechnen, indem man zu jedem einzelnen Faktor den errechneten Bogen von 13°21' hinzuzählt. Daraus gewinnt man folgendes Bild:

SO 3°40 ♋ + 13°21 = 17°01 ♋	UR 1°33 ♓ + 13°21 = 14°54 ♓
MO 12°51 ♊ + 13°21 = 26°12 ♊	NE 7°44 ♌ + 13°21 = 21°05 ♌
ME 19°46 ♋ + 13°21 = 3°07 ♌	PL 6°10 ♋ + 13°21 = 19°31 ♋
VE 18°50 ♌ + 13°21 = 2°11 ♍	MK 2°22 ♐ + 13°21 = 15°43 ♐
MA 21°36 ♊ + 13°21 = 4°57 ♋	
JU 21°46 ♋ + 13°21 = 5°07 ♌	MC 20°44 ♉ + 13°21 = 4°05 ♊
SA 24°38 ♌ + 13°21 = 7°59 ♍	AS 1°09 ♍ + 13°21 = 14°30 ♍

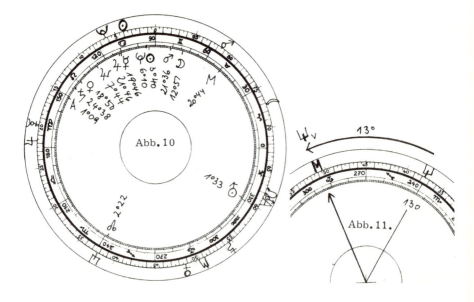

Abb. 10

Abb. 11.

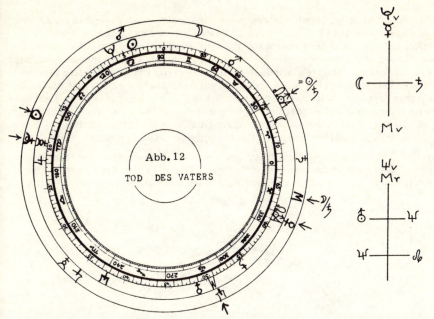

Abb. 12
TOD DES VATERS

Um nun die Positionen des Geburtsbildes und die vorgeschobenen Stellungen zu unterscheiden, läßt man die Geburtsangaben für sich stehen oder fügt ein r hinzu, das heißt radix = Wurzel, weil von den Geburtskonstellationen alle weiteren Berechnungen und Schlüsse abgeleitet werden. Die vorgeschobenen Positionen werden durch v bezeichnet. Für die präzisen Feststellungen kann man auch die Gradzahlen hinzusetzen, z.B.

NE v -90- MC   oder   NE v = MC
21°05   20°44   21°05   20°44

Die Zahl in der Mitte bedeutet den Abstand, also 0 = 0°-Abstand = Konjunktion, -45- = 45°-Abstand oder Halbquadrat, -90- = 90°-Abstand oder Quadrat, -135- = 135°-Abstand oder Anderthalbquadrat, -180- = 180°-Abstand oder Opposition. Da wir heute die Überzeugung haben, daß die Größe der Aspekte ohne Bedeutung ist und es nur auf die "Natur" der Gestirne ankommt, kann man auch einfach Gleichheitsstriche verwenden, obwohl die Zeichen für ein "Angenähertsein" richtiger wären, da es sich nicht um exakte Gleichungen handeln kann.

Wie aus Abb. 12 hervorgeht, trägt man diese Positionen in den äußersten 90°-Kreis ein, um auf diese Weise die Beziehungen zwischen dem vorgeschobenen Kosmogramm und der Geburtskonstellation zu erkennen. Die Konstellationen, die man nun auf den ersten Blick erkennt, sind meistens auch die wesentlichen. Es ist PL v = ME r gegenüber MC v. Neptun fällt mit MC zusammen, die Venus mit Uranus und der gegenüberliegenden Sonne.

Es ist sehr wichtig, auch die gegenüberliegenden Punkte zu erfassen, weil sich daraus die Halb- und Anderthalbquadrate ergeben. Diese Winkel hat man früher vernächlässigt, weil sie schwer feststellbar sind. Es liegen aber statistische Untersuchungen vor, durch die erkannt wurde, daß diese Winkel den anderen mindestens gleichwertig sind. Man sollte sich davon frei machen, alle Überlieferungen auf astrologischem Gebiet als richtig anzuerkennen, ohne sie geprüft zu haben. Viele Verfasser von Lehrbüchern haben fast alles wahllos übernommen, wofür zum großen Teil nur symbolische, aber keine durch Erfahrung nachweisbaren Grundlagen vorhanden sind. Die Arbeit mit der Rechenscheibe ist daher unerläßlich.

Um den Leser nicht zu langweilen und zu viele Neuerungen auf einmal zu bieten, greifen wir in unserem Beispiel nur das Wesentliche heraus. Stellen wir daher die wichtigsten Konstellationen einmal zusammen:

PL v   =   ME   =   MC v   =   MO/SA
19°31   19°46   4°05   3°45
                    19°05   18°45

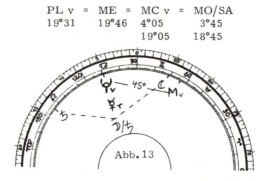

Abb. 13

Bei den letzten beiden Faktoren wurden zwei Positionen angegeben, die einen Abstand von 15 bzw. 45° haben. Es wurde dabei nur die Übereinstimmung mit den beiden ersten Faktoren versucht. Daß irgendwelche 45- oder 135°-Winkel mitsprechen müssen, ersieht man bereits dadurch, daß MC v rechts und Pluto v mit Merkur r links sich gegenüberstehen. Aber untersuchen wir die Positionen im 360°-Kreis, wozu sich das Magnetische Arbeitsgerät (8) gut eignet, weil man die Gestirnmagneten rasch an die betreffenden Punkte stellen kann und keine neue Zeichnung benötigt. Man sieht also (Abb. 13), wie Merkur r und Pluto v in Konjunktion und in der Halbsumme Mond/Saturn im Halbquadrat zum MC stehen. Auf diese Zusammenhänge würde man bei der Betrachtung des 360°-Kreises nicht kommen, sie werden nur durch den 90°-Kreis rasch erkennbar. Aus den Gradzahlen ist ersichtlich, daß MC v (das eigene Ich!) die verschiedenen Punkte bereits überschritten hat. Wenn also ein bestimmtes Ereignis in Frage kommt, so müßte es früher liegen.

Was bedeutet nun diese Konstellation? - Um diese Frage zu beantworten, muß man Radixbild und vorgeschobenes Kosmogramm immer gemeinsam betrachten. Es ist auch in Betracht zu ziehen, daß es sich um ein 14jähriges Mädchen handelt. Merkur in Mond/Saturn weist auf Nachdenken und Grübelei hin, wobei die Ursache eine Trennung oder ein Abschied sein kann.

Ziehen wir das MC hinzu, so würde man wieder auf Vereinsamung, Verlassenheit, Trauer schließen können. Wenn nun Pluto in dieses Radixbild hineintritt, so kann die negative Seite ausgelöst werden, es könnte ein **Trauerfall** oder eine **Depression** eintreten.

Es ist weiterhin
$$NE\,v = MC\,r = UR/NE = NE/MK$$
$$21°05 \quad 20°44 \quad 19°38 \quad 20°03$$

Dabei ist wieder festzustellen, daß NE v das MC r und auch die anderen Halbsummen bereits überschritten hat. Wir können sogar die Zeit ausrechnen. Ein Monat entspricht jeweils 5' (1° = 60' : 12 = 5'). Wenn nun NE v das MC r um 21' überschritten hat, so würde das einem Zeitraum von etwa 4 Monaten entsprechen. Zu dem gleichen Ergebnis kommen wir, wenn wir im ersten Fall erkennen, daß MC v ebenfalls ME r um 21' = 4 Monate überschritten hat.

Wenn wir MC r in den Halbsummen UR/NE und NE/MK betrachten, so stellen wir wieder eine ähnliche Tendenz fest wie in den beiden anderen Direktionen: Mangel an Widerstandskraft, Trauer, Auflösung, seelisches Leid. Dabei ist nun wesentlich, daß immer der individuelle Punkt, das MC, mitspricht. Der Übergang des Neptun über das MC entspricht einer Zeit der Unsicherheit, der persönlichen Enttäuschung oder auch eines Leides.

Wenn wir nun Venus v in Verbindung mit Uranus und der Sonne gegenübersehen, so werden wir auf VE = UR bei einem 14jährigen Mädchen und der Sonne gegenüber vielleicht auf eine erste Liebe schließen können, ohne einen Zusammenhang mit den anderen Konstellationen feststellen zu können. Dagegen ergibt sich ein Zusammenhang bei einer weiteren Untersuchung mit
$$UR\,v = AS\,v = SO/SA$$
$$14°54 \quad 14°30 \quad 29°09/14°09$$

In diesem Falle befindet sich im Geburtsbild selbst kein Faktor in der Halbsumme SO/SA. In solchen Fällen sollte man vorsichtig sein und immer erst dann Folgerungen daraus ziehen, wenn sich eine ähnliche Aussage aus anderen Direktionen ergibt. Man könnte hier wieder den Schluß ziehen, daß eine Möglichkeit von Entwicklungshemmungen durch Krankheit oder seelisches Leid vorliegt, daß eine Trennung eine große Rolle spielt.

Nach dieser Untersuchung können wir auch die Lösung bekannt geben: Am 18.2.1933 starb der Vater des Mädchens. Daher also die verschiedenen Konstellationen, die auf Trennung, Trauer, seelisches Leid hinweisen. Der Todestag des Vaters liegt reichlich 4 Monate vor dem Geburtstag. Es handelt sich also hier um Direktionen mit großer Genauigkeit.

Grundsätzlich möchte der Verfasser betonen, daß er keine "zurechtgemachten" oder "frisierten" Beispiele vorführt. Im vorliegenden Fall handelt es sich um eine Untersuchung in der Zeitschrift "Kosmobiologie", 17. Jahrgang, Seite 368. Der betreffende Aufsatz stammt von Dipl. Kfm. KARL TRIMBORN. Seine Untersuchung wurde gewählt, weil es sich dabei um die Bestätigung einer Voraussage handelt. Der Trauerfall, der soeben behandelt wurde, diente nur zur Korrektur der Geburtszeit.

DIREKTIONEN AUF DEM ARBEITSGERÄT

Wie das vorhergehende Beispiel gezeigt hat, wäre es nach dieser Arbeitsweise notwendig, für jedes Lebensjahr eine besondere Zeichnung anzufertigen. Das ist aber gar nicht notwendig, wenn man das von REINHOLD EBERTIN entworfene "Arbeitsgerät für kosmobiologische Forschungen" verwendet, das auch als magnetisches Arbeitsgerät vorliegt. In Abb. 12 sieht man außen zwei 90°-Kreise, wobei der äußerste Kreis die vorgeschobenen Positionen enthält. Wenn wir nun diesen Kreis als eine besondere Scheibe anwenden, die beweglich ist, so können wir praktisch jedes Lebensjahr einstellen. Hierzu ist es notwendig, daß man zwei Formulare verwendet, die man einmal mit dem kleinen und dann mit dem großen Kreis ausschneidet, beide Blätter konzentrisch durch eine Verschraubung miteinander verbindet und nun die Scheiben mit dem Druck genau übereinander einstellt und die Positionen aus dem 90°-Kreis doppelt überträgt. Zuerst muß man auf den Scheiben den "Krebspunkt" markieren und zwar am besten durch ein Widder-Symbol, da an der gleichen Stelle im 90°-Kreis auch das Zeichen Widder beginnt, dieses Zeichen leicht zu gestalten ist und nicht verwechselt werden kann. Wenn man eine Null für den Anfangspunkt setzen würde, so wären leicht Verwechslungen mit der Sonne möglich. Es wird auch aus praktischen Gründen empfohlen, die einzelnen Positionen nicht etwa durch Striche zu markieren und die Gestirnsymbole daneben zu zeichnen, weil auf diese Weise die Halbsummen nicht so gut erfaßt werden können. Die Symbole sollten auch immer so eingetragen werden, daß sie zur Mitte des Blattes aufrecht stehen. Denn wenn man mit der Scheibe untersucht, dreht man das Formular so, daß der Zeiger immer auf die oberen Faktoren hinzeigt. Es ist zwar nicht zu umgehen, daß einzelne Symbole verkehrt gesehen werden, aber das ist bei einer anderen Eintragungsmethode auch der Fall, wichtig ist, daß sie alle in einer Richtung zum Mittelpunkt stehen.

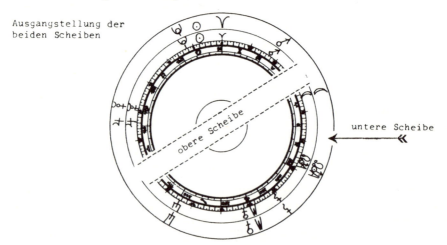

Ausgangstellung der beiden Scheiben

obere Scheibe

untere Scheibe

11. **Beispiel:** Behalten wir nun das gleiche Geburtsbild bei wie in Beispiel 10, untersuchen aber jetzt das 30. Lebensjahr, bzw. das Jahr 1949. (1949 minus 1919 = 30) 30 Tage zum 26.7.1919 hinzugezählt, ergibt den 56. Juni oder 26. Juli. Der Sonnenbogen nach dem ersten Verfahren ist der Abstand des Sonnenstandes vom 26.6. bis zum 26.7. Für manche Leser taucht hier vielleicht eine Schwierigkeit auf, weil wir den Sonnenstand in 3°49'15" Krebs von 2°26'20" Löwe abzuziehen haben. Wenn man fehlerfrei arbeiten will, rechnet man am besten die Sonnenstände nach ihrem Abstand vom Widderpunkt. Dann ist

```
          SO 26.7. 1919 = 2°26'20" ♌ oder 122°26'20"
          SO 26.6. 1919 = 3°49'15" ♋ oder  93°49'15"
          
          Sbg (Sonnenbogen) für 30 Jahre      28°37'05"
                                              =========
```

Nach der "Ereignistabelle" hatten wir den mittleren Tagesbogen 0°57'20" gefunden und sehen in der betreffenden Spalte bei 30 Jahre nach und erhalten 28°40. Mit einem Blick hat man das Ergebnis, muß aber eine kleine Ungenauigkeit von knapp 3' in Kauf nehmen.

Zählt man nun den Sbg = 28°37' zu den einzelnen Gestirnpositionen hinzu, so erhalten wir:

```
   SO =  2°20 ♌       JU = 20°23 ♌       PL =  4°47 ♌
   MO = 11°28 ♋       SA = 23°15 ♍       MK =  0°59 ♑
   ME = 18°23 ♌       UR =  0°10 ♈       MC = 19°21 ♊
   VE = 17°27 ♍       NE =  6°21 ♍       AS = 29°46 ♍
   MA = 20°13 ♋
```

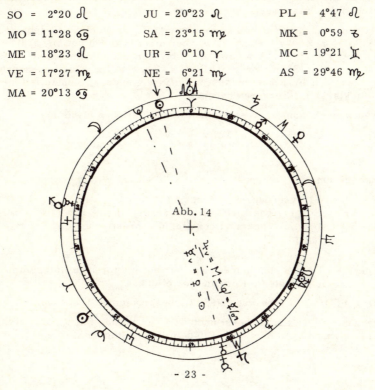

Abb. 14

Diese Positionen werden nun in den äußersten Ring eingetragen, wie es Abb. 14 zeigt. Wir erfassen dabei sofort die wesentlichen Konstellationen: JU = MC, ME = VE, MA = ME. Da SO und VE einen Abstand von 45° im Geburtsbild aufweisen, trifft ME v auch SO.

Wer das frühere "Direktionsbuch" des Verfassers noch besitzt, wird in der Methodik einen Unterschied feststellen. Seinerzeit wurden sämtliche Aspekte und Halbsummen gleichzeitig übersichtlich aufgestellt. Es ergaben sich dann in einem Kosmogramm für das eine Jahr etwa 13-20 Konstellationen, von denen dann mehrere in ihren Aussagen ähnlich ausfielen. Es handelte sich damals um eine Klarstellung gegenüber anderen Auffassungen. Da wurden z. B. die vielen "Transneptuner" einbezogen, es wurde sogar behauptet, daß ohne diese ein Ereignis überhaupt nicht fixiert werden könnte. Es ergaben sich zuweilen fast 100 Konstellationen und Aussagen. Dabei wurde gern "gemischt", es wurden die Positionen des Geburtsbildes, des vorgeschobenen Kosmogramms und die Transite wild durcheinander geworfen, und wenn metagnostisch gearbeitet wurde, dann zog man eben die Konstellationen und Aussagen heraus, die mit dem betreffenden Ereignis übereinstimmten. Alle Konstellationen übersichtlich zu erfassen, war gar nicht notwendig. Wenn man aber nach wissenschaftlichen Auffassungen arbeiten will, muß man alle Faktoren zu einer Aussage heranziehen, aber nicht willkürlich die "passenden" heraussuchen.

Die Halbsummen können stets nur aus den Faktoren einer Gruppe gebildet werden, also z.B. SO r = MA/JU v, aber nicht etwa SO r = MA r/JU v oder UR lfd = SO r = VE r/MA v usw. Es gibt hier auch Ausnahmen, z. B. die Halbsumme SO r/SO lfd oder SO r/SO v, aber mit diesen Besonderheiten sollte man sich erst dann befassen, wenn die anderen Konstellationen bereits ein klares Bild ergeben haben.

Untersuchen wir nun die wesentlichen Konstellationen etwas näher:

$$\begin{array}{ccc} ME\ v & VE & SO \\ 18°23 & 18°50 & 3°40 \\ & & 18°40 \end{array}$$

Daraus gewinnt man folgende Aussagen:

ME v = VE r: Liebesgedanken, Liebesverbindung.
SO r = VE r: Körperliche Liebe, Liebesverbindung.
ME v = SO r: Entwicklungsmöglichkeiten der praktischen und geistigen Anlagen.

Nach der "KdG", die sich keineswegs nur auf Faktoren in Halbsummen bezieht, könnte man auch die Kombination bilden:

ME v = SO/VE: Liebesgedanken, Liebesprobleme, Liebesgespräche.

Die genannte Direktion wird erst nach dem Geburtstag fällig, kann also auch einem Ereignis in den Monaten nach dem Geburtstag entsprechen.

                    JU v   =   MC r   =   PL r
                    20°23   20°44   6°10
                                         21°10

Daraus ergeben sich folgende Aussagen:

JU v = MC r: Zielbewußtsein, eine neue Position erreichen, eine "schöne Menschenseele" finden.
JU v = PL r: Machtstreben, zur Führerschaft gelangen, Erfolge haben.
JU v = PL/MC r: Ungewöhnliche Ziele, ungewöhnliche Erfolge.

Die wesentlichen Konstellationen deuten also auf Liebeserlebnis, vielleicht sogar eine ungewöhnliche Liebesverbindung.

Der Verfasser des Aufsatzes in der "Kosmobiologie" schrieb zwar, daß der Eheplanet "Cupido" bei solchen Untersuchungen herangezogen werden müßte, aber unsere Methode hat gezeigt, daß man auch ohne die hypothetischen Transneptuner, die bisher von keinem Astronomen bestätigt werden konnten, auskommen kann. Unter dem Aufsatz befand sich auch schon damals die Bemerkung der Schriftleitung, daß die Prognose auf eine Eheschließung auch ohne Transneptuner möglich war.

Trotzdem ist es beachtenswert, daß sich folgende Prognose bestätigt hat: "Sie werden in der 1. Hälfte des Monats August 1949 eine wichtige Bekanntschaft machen, die im weiteren Verlauf zu einer Eheschließung führen kann."

Die Prognose bestätigte sich in folgender Weise:

"Die Native erhielt am 6. August 1949 eine Einladung zu einer Party, auf der sie ihren jetzigen Mann kennenlernte. Er ist Fabrikant in Johannesburg/ Afrika und befand sich auf Geschäftsreisen in Deutschland. Neben der Erledigung von Aufträgen und Abschlüssen trug er sich mit dem Gedanken, eine deutsche Frau kennen zu lernen und alsbald zu heiraten. So geschah es, daß er der Nativen bereits nach 2 Tagen des Kennenlernens einen Heiratsantrag machte. Die Native bat sich wegen des großen Altersunterschiedes (30 Jahre) etwas Bedenkzeit aus und akzeptierte den Heiratsantrag unter der Bedingung, daß ihre Mutter mit nach Südafrika reisen dürfe. Diese Bedingung wurde angenommen, und so fand Ende September 1949 die standesamtliche Trauung in Stuttgart statt.

Die Native schrieb mir (Karl Trimborn), daß am 10.-12.9. (SA lfd = SO/VF = MA/AS, NE lfd = SA/MK) eine größere Krise gewesen ist, die beinahe zu einer Trennung geführt hätte, seitdem ist aber Beruhigung eingetreten. 'Ich habe so oft an Ihre Worte gedacht', schrieb die Native, 'daß sich im August durch eine plötzliche Bekanntschaft alles zum besten wenden würde, ich hatte auf Beruf getippt, es kamen auch zu demselben Termin zwei günstige Stellenangebote, wie es ja meist ist, wenn man sie nicht mehr braucht. Es würde mich interessieren, ob sich diese Verbindung günstig auswirken wird, oder ob mit großen Komplikationen zu rechnen ist. Ich habe an sich einige Bedenken, die aber völlig offen sind und sich nicht verwirklichen müssen. Mein Mann ist am 21. April 1889 in Kapstadt geboren, seit 6 Jahren Witwer'."

Nachdem wir die wesentlichen Konstellationen herausgezogen und besprochen haben, stellen wir nun die Zeiger der Rechenscheibe nacheinander auf die einzelnen vorgeschobenen und die radikalen Faktoren ein. Wir beginnen oben bei AS, UR, MK v, SO r, PL r usw. Dann erhalten wir etwa folgende Beziehungen zwischen den Faktoren der beiden 90°-Kreise:

MK v = UR v = MO/ME r: Gemeinsame Erlebnisse, plötzliche Bekanntschaften, Verbindungen anknüpfen, - Gedankenaustausch, Verbindung, plötzliches Ereignis einer jungen Frau.

SO r = VE/MA v = VE r = ME v: Körperliche Liebe, Drang zur Vereinigung zwischen Mann und Frau, Verehelichung, - Entwicklungsmöglichkeiten, Erfolge.

PL r = MO/MK v = MC r = JU v = ME/MA r = MA/JU r: Schicksalsbestimmende Verbindung, Trennung, - zur Führerschaft gelangen, Zielbewußtsein, "eine schöne Menschenseele finden", glückliche Entscheidung.

MO v = VE/MK r = VE/UR r = AS/MC r = UR/MC r = MK/MC r: Herzliches Verstehen suchen, Liebesverbindung einer Frau, - plötzliche Erregbarkeit im Liebesleben, Verstehen suchen, Verbindung einer Frau, - ungewöhnlicher Erregungszustand, - seelische Verbindung einer Frau.

MA v = ME r = VE/MA r = JU/MC v: Verwirklichung von Gedanken und Plänen, Unternehmungslust, - Anknüpfung einer Geschlechtsverbindung.

JU r = SO/MO v = ME/SA v = MA/MC r = MO/MK r = MO/UR r: Glückliches Verhältnis, Heirat, - glückliche Trennung - glückliche Neigung, große Freude, - plötzliche Erfolge.

SO v = VE v = SO/MK r = SO/UR r = SO/AS r = MO/MA r: Liebesverbindung anknüpfen, - außergewöhnliches Liebeserleben, - Zuneigung.

PL v = VE/JU r = MA/JU v = ME/MA v: Sich besonderer Beliebtheit erfreuen, glücklich sein, - großer Unternehmungsgeist, - Angriffe erdulden.

NE r = SA v = SO/MO r = JU/SA r: Mißverständnisse, Untergrabung von Verbindungen, - innere Hemmungen, Trennung, - sich verlassen fühlen.

SA r = SO/VE v = MA/UR v = MA/AS v: Liebesleid, - Trennung, - Leid, Trauer.

MK r = UR r = SO/AS v = SO/UR v = MO/MA v: Einfluß auf andere Menschen erlangen, Bekanntschaft, Verbindungen, - rasch Verbindungen anknüpfen, - Verbindung, Zusammenarbeit.

NE v = MO/AS r = MA/MC r = ME/SA v: Sich täuschen, - Fehlschläge, - Luft- oder Seereise, sich nach der Ferne sehnen.

MO r = NE/MC v = MA/PL v: Sich Einbildungen hingeben, eigenartiger seelischer Zustand, - Waghalsigkeit, energische Frau.

MC v = PL/MK r = ME/VE r = ME/MA v: Das Schicksal ist von Verbindungen abhängig, durch Verbindungen wird das Lebensziel beeinflußt, - Liebesgedanken, - Handlungsbereitschaft, Entschlossenheit.

MA r = SA/MC v = JU/MC r: Trennung, Trauer, - sich die Liebe eines Menschen erobern, sich verloben, Zusammenarbeit.

Die Aussagen aus den einzelnen Konstellationen sind der "KdG" in gekürzter Form entnommen. Man wird bestätigen können, daß sich die meisten Hinweise auf Verbindung, Liebe, Ehe usw. beziehen, so daß die Aussagen aus den wesentlichen Direktionen dadurch ergänzt werden. Es handelt sich hierbei um 15 Konstellationen, also eine beschränkte Zahl gegenüber anderen Methoden, die mit soviel Elementen arbeiten, daß man etwa 100 Aussagen bekommen kann und dann nicht weiß, welche zutreffen werden.

12. Beispiel: Nun wurde auch das Geburtsdatum des Ehemannes, 21.4.1889, genannt. Obwohl keine Zeitangabe vorhanden ist, sollten wir doch einmal versuchen, ob sich bei dem Mann ähnliche Konstellationen ergeben. In Abb. 15 sind nur die Mittagsstände aufgezeichnet, auf die persönlichen Punkte muß verzichtet werden. Zur Zeit des Kennenlernens und der folgenden Heirat war der Native 60 Jahre + 3 1/2 Monate alt. Dem Alter von 60 Jahren entspricht der 20. Juni 1889.

Sonne am 20.6.1889	=	29°16'41" Zwillinge
Sonne am 21.4.1889	=	1°33'08" Stier
Sonnenbogen	=	57°43'33"
+ Sbg für 3 1/2 Mon.	=	17'
		58°00'

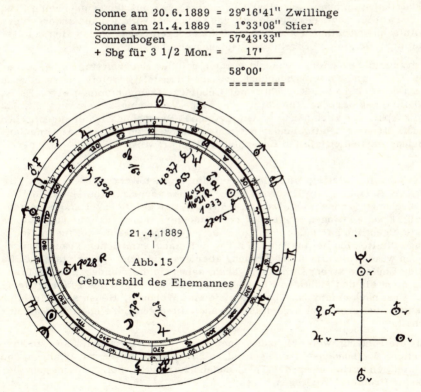

Abb. 15
Geburtsbild des Ehemannes

Es sind demnach alle Faktoren um 58° vorzuschieben. Es kann nicht die gleiche Genauigkeit erwartet werden wie bei einem auf die genaue Geburtszeit berechneten Kosmogramm, und man muß daher mit einem etwas grösseren Orbis rechnen. Es ist auffällig, daß sich Mars v und Venus v, die für eine Liebesverbindung maßgebenden Gestirne, dem Mondknoten r nähern. Das würde einer Geschlechtsverbindung entsprechen.

Pluto v (2°37') und gegenüber Uranus v (18°28 = 2°28) haben den spekulativen Sonnenort gerade überschritten, befinden sich aber exakt in der Halbsumme Venus/Uranus (2°54), was nach der KdG einem Liebesabenteuer oder sogar einem "Verranntsein in der Liebe" entspricht.

Mit dieser Abschweifung sollte nur gezeigt werden, daß man bis zu einem gewissen Grade auch ohne Geburtszeit maßgebende Entsprechungen finden kann, wenn man auch weitere Anhaltspunkte über die gegebenen Verhältnisse kennt. Es ist nämlich nicht der Fall, daß bei den am gleichen Tage Geborenen sich auch die gleichen Direktionen in gleicher Weise auslösen müssen, weil auch andere Faktoren mitsprechen. Dieser Mann befand sich, von Südafrika stammend, auf einer Geschäftsreise, auf der er auch eine Frau finden wollte. Andere am gleichen Tage Geborene kommen aus anderen Verhältnissen und befinden sich in einer ganz anderen Lage, so daß sich bei diesen nicht die gleiche Direktionsauslösung ergeben kann.

Hierzu muß besonders vermerkt werden, daß der Hochzeitstag selbst durchaus nicht immer den Wendepunkt im Leben darstellt, wie oft - besonders in den Lehrbüchern zur Korrektur der Geburtszeit - angenommen wird. Es ist möglich, daß der Ehe eine kurze oder lange Verlobungszeit vorausgeht, daß die körperliche Verbindung in den meisten Fällen schon vor der eigentlichen Hochzeitsnacht stattgefunden hat und nur in wenigen Fällen die intime Verbindung für den offiziellen Eheschluß aufgespart wird.

Hier sei mir gestattet, ein Beispiel aus der eigenen Praxis zu erzählen. Mir war die Aufgabe gestellt worden, für einen jung verheirateten Mann eine Untersuchung vorzunehmen. Dabei fiel mir auf, daß der Hochzeitstag so eigenartige Konstellationen zeigte, daß man annehmen mußte, daß die jungen Eheleute eigentlich gar keine richtige Ehe eingegangen seien. Auf meine Nachfrage stellte sich heraus, daß der Tag der standesamtlichen Trauung angegeben wurde, die kirchliche Trauung aber erst ein Jahr später stattfand. Da beide Eheleute streng katholisch waren, sahen sie die standesamtliche Trauung nicht als den richtigen Eheschluß an, weil der Segen des Pfarrers fehlte. Erst nach einem Jahr bekamen sie eine Wohnung, ließen sich kirchlich trauen, und erst jetzt begann für sie auch die eigentliche eheliche Gemeinschaft.

Für die Bindung zweier Menschen aneinander wäre eigentlich das erste körperliche Verbundensein maßgebend, aber das ist selten zu erfahren, und schließlich verbietet es der Takt, danach zu fragen, sofern nicht ganz besonder Probleme vorliegen.

Aus praktischen Erwägungen heraus ist es angebracht, die verschiedenen Beispiele nach bestimmten Lebensereignissen zu gruppieren. Wir beginnen mit
Liebesverbindungen.

13. Beispiel: JOHN F. KENNEDY hatte JAQUELINE BOUVIER 1951 anläßlich einer Dinnerparty kennengelernt. Sie heirateten aber erst am 12. September 1953, in dem gleichen Jahr, in dem auch KENNEDY Senator geworden war. Als Student hatte er sich beim Fußballspiel eine schwere Rückgratverletzung zugezogen; diese Schwächung seiner Gesundheit verschlimmerte sich, als 1943 sein Schiff, das er als Kommandant befehligte, torpediert wurde. Das Leiden brachte ihn in den Jahren nach 1950 an den Rand des Todes, so daß er eigentlich als ein kranker Mann in seine Ehe einging.

JOHN F. KENNEDY wurde am 29. Mai 1917 um 15 Uhr EST in 42°05' n. Br. und 71°08' w. L. geboren. Für den Sonnenbogen ergibt sich nun folgende Berechnung: 1953 - 1917 = 36 Jahre. Die Hochzeit fand etwa 3 1/2 Monate nach dem Geburtstag statt.

29.5. + 36 = 65.5. = 34.6. = 4.7.

Sonne am 4.7.1917 = 11°54'32" Krebs	= 101°54'32"
Sonne am 29.5.1917 = 7°31'26" Zwillinge	= 67°31'26"
Sonnenbogen für 36 Jahre	= 34°23'06"
Sonnenbogen für 3 1/2 Monate	= 17'
Sonnenbogen für den Hochzeitstag	= 34°40'

(Die Sekunden lassen wir unberücksichtigt.) Dann beträgt der Sonnenbogen für die einzelnen Faktoren:

SO = 12°31' ♋	JU = 27°44' ♊	PL = 7°56' ♌
MO = 21°56' ♎	SA = 1°50' ♍	MK = 17°08' ♒
ME = 25°16' ♊	UR = 28°23' ♓	MC = 29°14' ♌
VE = 21°26' ♋	NE = 7°20' ♍	AS = 25°52' ♏
MA = 23°01' ♊		

Diese Positionen sind in Abb. 16 im äußeren 90°-Kreis eingetragen. Greifen wir wieder die Hauptkonstellationen heraus, die uns zuerst ins Auge fallen: SO v 12°31 = MK r 12°29 = PL/AS = SO/MA = AS/MC v. Das bedeutet nach der Direktionstabelle für Liebe und Ehe: Geistige oder körperliche Verbindung. Die Halbsummen r und v geben weitere Erläuterungen: SO v = MK r = PL/AS r: eine Schicksalsgemeinschaft eingehen, = SO/MA: der Ehemann, Kameradschaft pflegen, durch Zusammenarbeit etwas erreichen wollen (man denke hierbei an den gemeinsamen Wahlfeldzug!), Ehegemeinschaft, = AS/MC: zusammengehen, Kontakt aufnehmen.

VE v mit MO v haben zwar AS bereits überschritten, aber diese Faktoren bilden eine Einheit mit SO r = NE v gegenüber. Man kann daraus folgende **Aussagen** entnehmen:

VE v = MO v = AS: Liebevolles Verhalten, Verbindung mit einer Frau, = SO v: Liebesempfindungen äußern, Gattenliebe, = NE v: Liebe auf Abwegen, entsagen müssen. In diesem Falle würde man NE v = SO r in den Vordergrund stellen und in Verbindung mit den anderen Konstellationen kombinieren: Liebe eines geschwächten Körpers oder eines kranken Mannes. Es ist **wahrscheinlich**, daß er sich Zurückhaltung auferlegen mußte, so daß das erste Kind, die Tochter CAROLINE, erst am 27.11.1957, also vier Jahre später, geboren wurde. Um diese Zeit gingen VE v und MO v über das MC, um nur eine der dann fälligen Konstellationen herauszugreifen.

Untersucht man nun mit der Rechenscheibe die Verbindung der einzelnen **Faktoren** mit Halbsummen, so kann man folgende Verbindungen feststellen:

MC v = SO/JU = SO/ME = PL/MC: Erfolg in eigenen Unternehmungen (Wahl zum Senator), eigene Auffassungen vertreten, zur Anerkennung gelangen. (Das Interesse am beruflichen Vorwärtskommen war sicherlich viel größer als an der Eheschließung.)

ME v = MA/JU v = MA/UR v = MO/PL = VE/PL = SO/MK = UR/MC = SA/ UR = JU/SA: An Verlobung und Ehe denken, selbständig handeln, weitgehen-

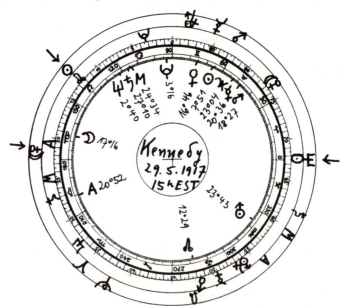

Abb. 16 JOHN F. KENNEDY

de Pläne mit Eifer verfolgen, Liebesprobleme, Verbindungen, Einfälle verwirklichen, an die eigene Nervenkraft hohe Anforderungen stellen, Veränderungen herbeiführen.

Nachdem man die Scheibe auf die vorgeschobenen Positionen eingestellt hat und die Stellung in den Halbsummen des Geburtsbildes untersucht hat, geht man umgekehrt vor und stellt fest, in welchem Maße die Geburtsgestirne in vorgeschobenen Halbsummen stehen. Dann ist z. B.

AS r = MA/MK v: Geschlechtsverbindung, Familienbande.

MC r = SO/PL v = MA/AS v: Machtstreben, seine eigenen Interessen wahrnehmen, mit anderen etwas durchführen.

JU r = UR r = MK/MC v = ME/VE v = ME/MO v: Glückliche Seelengemeinschaft, tiefgreifende Erlebnisse mit anderen, einfallsreicher und erfolgreicher Redner (Wahl zum Senator), plötzliche Verbindung mit einer jungen Frau.

14. Beispiel: Im Zusammenhang mit dem vorigen Beispiel interessiert das Kosmogramm von JAQUELINE KENNEDY, geb. 28. Juli 1929 um 15 h 12 m LMT in 40°55 n. Br. und 72°20 w. L. (Abb. 17).

Das Ehepaar KENNEDY ist keineswegs ein Paradebeispiel für Ehedirektionen. Es wäre völlig verfehlt, wenn in Lehrbüchern nur immer solche Fälle

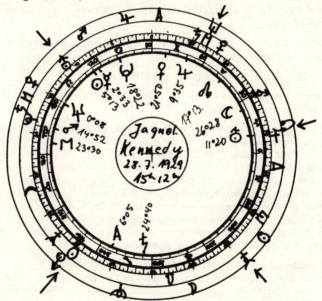

Abb. 17. JAQUELINE KENNEDY

gezeigt würden, bei denen alles "fabelhaft stimmt". Man muß immer wieder feststellen, daß es im Leben auch viele Einflüsse gibt, die eben nicht kosmisch bedingt sind. Den Familien KENNEDY und BOUVIER ging es schließlich auch nicht nur um die Heirat, sondern um ganz andere Interessen.

Überblicken wir das Direktionsbild für das Hochzeitsjahr von Frau KENNEDY, so ist MK = JU = MA/AS = VE/NE = ME/PL für eine gute Interessenverbindung, eine Heirat, eine triebhafte Verbindung, ein scheinbares Glück, Wirkung auf viele Menschen mit dem Ziel, andere zu beherrschen, an die Macht kommen, bezeichnend.

Dagegen stehen NE v = MC = VE/SA und SA v = PL = MO/UR völlig im Widerspruch zu den Schilderungen, die in den Zeitungen und Illustrierten geboten wurden. UR v = SO deutet auf eine plötzliche Lebenswendung und Änderung der Verhältnisse hin. Nur wenige Halbsummen-Konstellationen geben ein mehr positives Bild:

VE v = UR/PL = MA/MK = NE: Liebeseroberung, Gestaltungskraft, künstlerische Umgestaltungen (man denke an die spätere Umgestaltung des "Weissen Hauses", woraus man schließen kann, daß sie auch ihr eigenes Heim selbst künstlerisch ausgestaltet hat), sich aus Liebe verbinden wollen, schwärmerische Liebe mit folgender Ernüchterung.

MC v = VE/SA = MA/MK : Individuelle Verbindung, Heirat, Unbefriedigtsein.

MO v = VE/PL: Eine Frau fühlt sich aus innerem Zwang zu einem Partner hingezogen.

SO v = SO/VE = SO/MC = ME/SA: Körperliche Liebe, Lebensziele verwirklichen, Wohnungswechsel.

MA v = SO/JU: Verbindung mit dem Bräutigam.

Bei der eigenen Durcharbeitung wird der Leser noch weitere interessante Feststellungen machen.

15. Beispiel: Im Gegensatz zu den vorhergehenden Beispielen erhalten wir ein ganz anderes Bild bei der Heirat der beliebtesten deutschen Fernsehansagerin PETRA KRAUSE. Bereits um das 16. Lebensjahr gab eine schwere, uns unbekannte, Erkrankung ihrem Leben eine andere Richtung. Am 17.2.1961 unternahm sie in einer depressiven Verfassung einen Selbstmordversuch, indem sie sich aus dem Fenster stürzte. Sie überlebte, aber sie war gelähmt und mußte ein neues Leben im Rollstuhl beginnen. Trotzdem hat sie aus ihrer depressiven Phase herausgefunden, saß am 2.2.1962 erstmals im Rollstuhl vor der Fernsehkamera, am 4.6.1964 hat sie geheiratet und am 3.3.1965 eine Tochter geboren.

Als Geburtstag wurde der 12.12.1939 angegeben, die Tageszeit ist uns nicht bekannt. Im Jahre 1964 wurde sie 25 Jahre alt, da die Heirat bereits am 4. Juni 1964 stattfand, ist das Alter 24 1/2 Jahre, der Sonnenbogen beträgt rund 25° (Abb. 18). Dann ergeben sich folgende wesentliche Konstellationen:

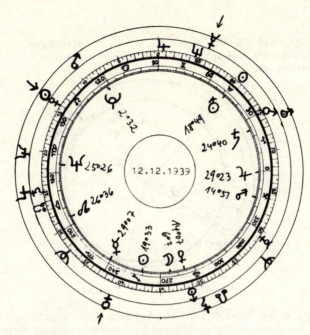

PETRA KRAUSE

Abb. 18.

SO v = VE = ME: Liebesverbindung, körperliche Liebe.

NE v = VE/MK: Minderwertigkeitsgefühle im Liebesleben (durch die Lähmung!).

VE v = ME v = SO/JU: Nachdenken über die Gesundheit, guter Vertragsabschluß, Liebeserfolg, der glückliche Mann.

MK v = MA/MK = VE/JU: Verbindung eingehen, aus überströmender Liebe zusammenkommen.

PL v = JU/MK: Glückliche Beziehung.

Aus diesen Konstellationen ist zu ersehen, daß es sich hier um eine echte Liebesverbindung handelt, gegenüber einer aus Neigung, finanziellen und machtpolitischen Interessen gemischten Grundlage für eine Ehe wie bei dem Ehepaar KENNEDY.

16. Beispiel: Die Filmschauspielerin GUDULA BLAU, geb. 22. 2. 1940, kam seinerzeit mit ihrer Mutter nach dem Westen und arbeitete sich als Zigarettenverkäuferin, Platzanweiserin und Dolmetscherin empor, bis sie Siegerin in einem Nachwuchswettbewerb einer Filmgesellschaft wurde. Am 31. 1. 1958 heiratete sie den Filmschauspieler KARLHEINZ BÖHM. Die Ehe wurde bereits 1963 geschieden.

Abb. 19 zeigt, daß die Ehe unter VE v = PL = VE/UR geschlossen wurde, **daß es sich also um eine sehr leidenschaftliche Liebesehe handelte,** die selten von Bestand ist.

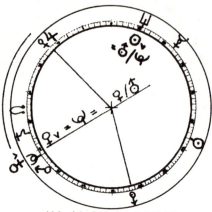

Abb. 19. GUDULA BLAU

SO = **VE/SA** deutet bereits im Geburtsbild auf die Möglichkeit einer Trannung hin, die dann erfolgte, als mit 23 Jahren bei einem Sonnenbogen von ca. 23° SO v = VE/SA v = NE r fällig wurde, also die ehemals falschen Liebesvorstellungen in eine volle Enttäuschung endeten.

17. Beispiel: Die Fliegerin ELLY BEINHORN, geb. 30.5.1907, heiratete im Juli 1936 den Rennfahrer BERND ROSEMEYER. Es war fällig VE v = SO = **MA/MK** mit der Aussage: Körperliche Liebe, sich aus Liebe verbinden (Abb. 20).

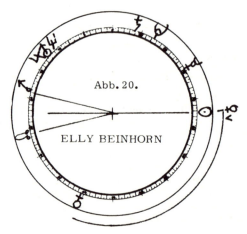

Abb. 20.
ELLY BEINHORN

18. Beispiel: Der Photograph ANTONY ARMSTRONG-JONES, geb. 7.3. 1930, konnte nach einer bereits längere Zeit bestehenden Verbindung die britische Prinzessin MARGRET ROSE am 6.5.1960 heiraten. MA v = VE r weist auf eine starke leidenschaftliche Bindung hin. Außerdem erreichte VE v den JU in den Halbsummen VE/MA = SO/NE, woraus man wieder auf eine stark triebhafte Verbindung schließen kann, die aber leicht in einer Enttäuschung enden kann (Abb. 21).

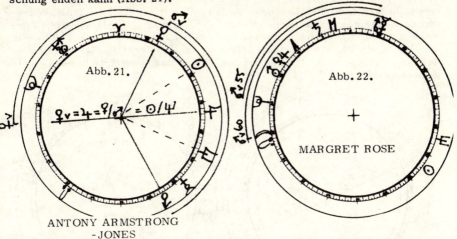

Abb. 21.

Abb. 22.

ANTONY ARMSTRONG
-JONES

MARGRET ROSE

19. Beispiel: Wenn man das Geburtsbild der Prinzessin MARGRET ROSE, geb. 21.8.1930 um 20 h 17 m in Glamis/Schottland, mit dem ihres Mannes vergleicht, so fallen im 90°-Kreis die männliche Venus mit dem weiblichen Mars zusammen. Diese Konstellation ist auch in beiden Fällen im Hochzeitsjahr fällig. MA v = MO r bedeutet Ehefrau (MO) werden wollen (MA), bzw. heiraten wollen. Diese Konstellation deckt sich fast mit VE v = JU im männlichen Kosmogramm.

Man wird sich erinnern, daß im Jahre 1955 die Presse darüber berichtete, daß die Prinzessin auf eine Heirat mit dem Fliegeroberst PETER TOWNSEND verzichtet hatte. Zu dieser Zeit war MA v = PL fällig, d.h. die Prinzessin beugte sich hier der höheren Gewalt (PL), dem Eingriff des Herrscherhauses in ihre eigenen Angelegenheiten.

20. Beispiel: Die Filmschauspielerin EVA BARTOK, geb. 18. Juni 1929 um 13 h in Kekskemet/Ungarn, heiratete 1954 den damals schon international bekannten Schauspieler CURD JÜRGENS. Im 90°-Kreis (Abb. 23) stehen sich Jupiter und Pluto gegenüber in den Halbsummen ME/MA = ME/MK (erfolgreiche Geschäftsverbindung). Die Achse JU-PL erreicht nun mit 25 Jahren die andere Achse SO/VE, so daß sich hier Geschäfts- und Liebesverbindung vereinen. Die Direktion PL v = VE r bedeutet meistens nur einen "Liebesrausch", dem bald das Erwachen folgt. Die Ehe dauerte nur etwa drei Jahre.

21. Beispiel: Eine Jupiter/Pluto-Direktion war auch fällig, als der Schah von Persien nach der Scheidung von Prinzessin SORAYA die Studentin FARAH DIBAH im Mai 1959 kennenlernte und am 21. Dezember 1959 heiratete (Abb. 24). Für die junge Braut war es nicht nur eine plötzliche Liebesverbindung, sondern auch eine Standeserhöhung, wie sie unter JU-PL-Konstellationen immer wieder vorkommt. Wir sehen hier im Geburtsbild JU = VE/UR: plötzliches Liebesglück, ausgelöst durch PL v. In das gleiche Planetenbild fällt auch SO/MA hinein, so daß sich mit der Heirat auch das Streben nach Macht und Anerkennung verbindet. Die Ehe wurde von seiten des Schahs vor allen Dingen geschlossen, um einen Thronerben zu erhalten. Daher ist JU v = VE/MA - gesundes Triebleben, erfolgreiche Geschlechtsverbindung - maßgebend. Die Geburt des Thronfolgers erfolgte bereits am 16. September 1960.

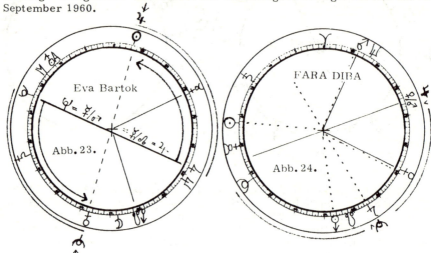

Abb. 23. Eva Bartok

Abb. 24. FARA DIBA

22. Beispiel: Im Jahre 1963 spielte in London der Skandal um den Heeresminister JOHN DENNIS PROFUMO. Er wurde am 30. Januar 1915 als Sohn eines Kronanwalts geboren. Er erlebte einen steilen Aufstieg und wurde bereits mit 25 Jahren jüngstes Unterhausmitglied. Im Jahre 1954, also mit 39 Jahren, heiratete er die Schauspielerin VALERIE HOBSON, als Venus v den Mars erreichte (Abb. 25). Der Mars nimmt eine besondere Stellung im Quadrat zu JU/PL ein. Die Ehe erregte großes Aufsehen, da es für einen angehenden Minister im konservativen England ungewöhnlich war, eine Schauspielerin zu heiraten.

Wenn man nun den Abstand des MA zu SO und UR von 9° betrachtet, könnte man annehmen, daß sich etwa 9 Jahre später ein besonderes Ereignis in Liebe und Ehe einstellen könnte. Als nun im Alter von 47 Jahren VE v in SO/UR kam, ließ sich der Minister in ein Liebesabenteuer mit der Londoner

"Lebedame" CHRISTINE KEELER, geb. 22.2.1942, ein. Eine Neigung zu unehelichen Beziehungen ist bei dem Minister angedeutet durch VE-180-SA und SO = VE/SA, ausgelöst durch VE v.

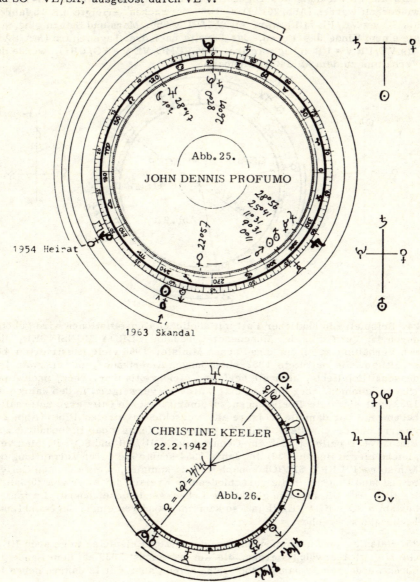

23. Beispiel: Obwohl das Geburtsbild von CHRISTINE KEELER bereits im Plutobuch (7) ausführlich behandelt wurde, soll an dieser Stelle nur ganz kurz die Entwicklung des Liebeslebens in Verbindung mit den Direktionen wiederholt werden (Abb. 26). Das "Liebeserwachen" erfolgte mit 15 Jahren, als SO v = VE/PL fällig war. Als VE/PL v über Mars und Saturn ging, gab sie einem Kinde das Leben, das bereits nach drei Tagen starb (MA/SA!). Als VE/UR v = UR fällig war (bei PROFUMO VE v = SO/UR!), wurde das Verhältnis zu dem Minister offenbar.

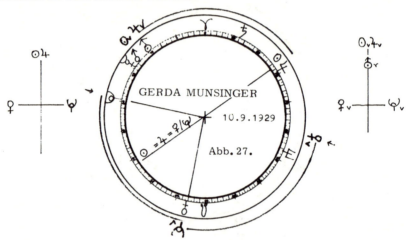

Abb. 27.

24. Beispiel: Ein ähnlicher Fall mit ähnlichen Konstellationen wird geboten durch das Verhältnis der Münchener Lebedame GERDA MUNSINGER, deren Verhältnis zu einem kanadischen Minister 1966 viele Illustrierten beschäftigte. Sie heiratete 1952 einen jungen Amerikaner, den sie zwar leidenschaftlich liebte, aber sie verfolgte gleichzeitig den Zweck, nach Amerika zu kommen. Aber die Einreise wurde ihr verweigert. In den Jahren um 1952 soll sie viele Beziehungen zu amerikanischen Offizieren unterhalten haben. Sie war damals 23 Jahre alt, verschieben wir den Pluto (Abb. 27), so erreicht er um diese Zeit die Venus und Venus v das Halbquadrat zum Pluto. VE r befindet sich im Geburtsbild in JU/UR und SO/UR. Man vergleiche hierzu Beispiel 23. Im Jahre 1954 konnte sie durch Vermittlung des Ministers PIERRE SEVIGNY nach Kanada kommen, wurde dessen Geliebte und fand Eingang in die verschiedensten Kreise. Im Alter von 25 Jahren ist JU v -90- UR für eine glückliche Lebenswende bezeichnend. Da im Geburtsbild SO = JU = VE/PL ist, so kann man auch von einem ungewöhnlichen Liebesglück sprechen.

25. Beispiel: Im Zusammenhang mit den letzten Beispielen möge auch HELGA MATURA erwähnt werden, die am 19. August 1933 auf dem Lande geboren wurde, mit 12 Jahren noch Kühe hütete, aber mit 13 Jahren neben ihrem Vater in einem Vorstadt-Kabarett auftrat, mit 19 Jahren heiratete, um der strengen Aufsicht der Eltern zu entgehen, bei einer "Miß-Wahl" den zweiten Platz erreichte und nach ihrer Scheidung als Bardame in Luxemburg tätig war. Später ging sie nach Frankfurt und kassierte für ihre Liebesdienste in mancher Nacht DM 600,--. Ihren Höhepunkt erreichte sie um das Alter von 26 bis 28 Jahren, als SO v = VE/PL v = VE/JU fällig wurde. Am 27.1.1966 wurde sie ermordet (ohne Abbildung).

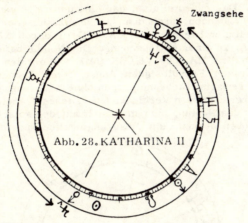

Abb. 28. KATHARINA II

26. Beispiel: Prinzessin KATHARINA von Anhalt, geb. 2. Mai 1729 in Stettin um 2 h 30 m, wurde zu ihrer Ehe mit dem russischen Thronfolger und späteren Zaren PETER III. gezwungen. Schon mit 14 Jahren siedelte sie als Verlobte nach Petersburg über, wurde dort in die orthodoxe Kirche aufgenommen und mußte mit 16 Jahren den körperlich und geistig zurückgebliebenen Großfürsten heiraten. Sie konnte also keine Wahl des Herzens treffen und ebnete daher in immer stärkerem Maße den Weg zu ihrer eigenen Herrschaft, was ihr unter Ausnutzung zahlloser erotischer Beziehungen, durch Ruhm- und Gefallsucht, gelang. Da sie ihren Mann nicht lieben konnte, liebte sie andere, und zwar hemmungslos. Das wird verständlich, wenn man sich den Komplex von Pluto-Mond-Venus innerhalb von knapp 2° ansieht (Abb. 28), wozu sich auch noch gegenüber der Mars gesellt. Aus diesen Konstellationen gehen hervor: starke Sinnlichkeit, Wollust, extremes Gefühlsleben, rasche Erregbarkeit, Neigung zu Gewalttätigkeit. Mit 14 Jahren erreichte Neptun v und mit 16 Jahren Saturn v diesen Komplex, woraus sich zunächst eine "tragische Liebe" ergab, die dann den Charakter völlig veränderte und den Drang aufkommen ließ, sich von den Spannungen frei zu machen. Das gelang erst im Alter von 34 Jahren, als Jupiter v den Mars und damit auch den Komplex Pluto-Mond-Venus erreichte. Die Anlage zur Gewalttat(MA-PL) verhalf ihr zum Erfolg, zur Macht, sie wurde Nachfolgerin ihres Gatten, der von ihr zunächst gestürzt und durch einen Offizier ermordet wurde.

27. Beispiel: Die Ehe der Prinzessin ELISABETH von Bayern mit dem jungen Kaiser FRANZ JOSEPH I. von Österreich galt von Anfang an als unglücklich. Die junge Bayerin konnte sich in die Verhältnisse am Wiener Hof nicht eingewöhnen. Wenn man aber das Kontakt-Kosmogramm des kaiserlichen Ehepaares (9) betrachtet, dann wird es verständlich, daß eine rechte eheliche Harmonie gar nicht aufkommen konnte. Der Saturn von ELISABETH deckt sich im 90°-Kreis mit Saturn-Mond-Sonne im Kosmogramm des Kaisers. Als ELISABETH mit 17 Jahren 1854 die Ehe einging, war NE v = SA = MO/VE fällig. Das bedeutet also, daß eine unbefriedigende (SA) Liebesverbindung (MO/VE) noch durch den "großen Enttäuscher" (NE) ausgelöst wurde. Gleichzeitig wurde SA = SO/MA = SO/PL durch NE v auch für den Ehemann (SO/MA) zu einer Enttäuschung. Der Neptun befindet sich in dem Planetenbild MO/PL = MA/SA = VE/MK = ME/VE mit den Aussagen: Mangel an Selbstvertrauen, Freudlosigkeit, Angst, Gemütskrankheit, Widerständen nicht gewachsen sein, Liebesneigungen ohne Erfüllung, Falschheit, Enttäuschung, Untergrabung von Verbindungen. Dieses Planetenbild, den kosmischen Zustand des Neptun, muß man sich auf den so schlecht stehenden Saturn vorgeschoben denken, um diese unglückliche Partnerschaft richtig einzuschätzen.

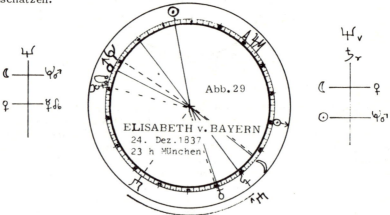

Abb. 29

ELISABETH v. BAYERN
24. Dez. 1837
23 h München

Am 10. 9. 1889 wurde auf die Kaiserin ein Attentat verübt, das im Kosmogramm durch MA -90- PL bereits angelegt ist. (Ähnliche Konstellationen wie bei KENNEDY.)

28. Beispiel: Ein Ehepartner kann in eine sehr schwere Lage kommen, wenn der andere Partner irgendwie anormal veranlagt ist. So mußte eine Frau durch ihren sadistisch veranlagten Ehemann sehr viel Leid ertragen. (Unter Sadismus versteht man den Drang, sich durch Demütigung, Peinigung oder unter Umständen sogar Tötung geschlechtliche Befriedigung zu verschaffen.) Der Ehemann unseres Beispiels quälte seine Ehefrau, drohte ihr sogar, sie so zuzurichten, daß sie für ihr ganzes Leben genug haben würde;

er nahm ihr alles Geld weg, sogar das, was sie durch eigene Arbeit .erdient hatte. Er hatte sich außerdem dem Trunk ergeben und war unter der Nachwirkung des Alkoholgenusses besonders brutal. Die Frau war so verängstigt, daß sie nur selten wagte, mit ihrer Mutter zu sprechen. Die Mutter leitete auch nach einem qualvollen Jahr die Ehescheidung ein. Hier stellt sich nun die Frage, ob die Sonnenbogen-Direktionen des Hochzeitsjahres für die Frau irgendwelche Hinweise bieten.

Im weiblichen Geburtsbild (Abb. 30) deutet die Opposition von Mond und Neptun auf eine besondere Empfindlichkeit hin, die vielleicht den Ehemann gerade gereizt hat, sie zu quälen. Sein Saturn befindet sich gerade an dieser Stelle im 90°-Kreis. Die Verbindung MK = VE/MA = VE/SA = SO/NE = SO/MO = ME/NE läßt zunächst eine starke geschlechtliche Anziehung (MK = VE/MA) erkennen, auf die sehr rasch eine Ernüchterung (ME = VE/SA) folgt. Es ist der Wunsch nach einer ehelichen Verbindung vorhanden (MK = SO/MO), aber mit der Gefahr, sich in dieser Verbindung schwach zu zeigen (MK = SO/NE) und somit zum Werkzeug des anderen zu werden.

Die Frau heiratete bei einem Sonnenbogen von knapp 25°. In Abb. 30 sind die vorgeschobenen Positionen im äußersten Kreis eingetragen. Unten rechts ist SO v = VE = SO/MC = ME/MC = MO v, wodurch auf eine starke Liebesverbindung hingewiesen wird. JU v = MA ist bereits vorbei und hat wahrscheinlich der Verlobung entsprochen. Es war gleichzeitig fällig JU v = UR/NE = NE/PL mit der Aussage: Hoffnungsfreude, sich auf andere verlassen, Friedensliebe. Wesentlich ist VE v = MC, denn darin liegt eine individuelle

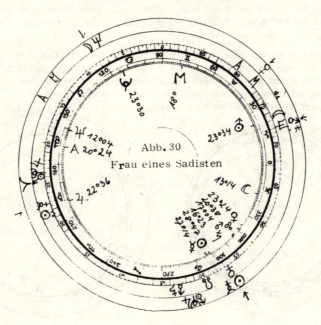

Abb. 30
Frau eines Sadisten

Liebesbeziehung. Auf der rechten Seite sieht man MA v mit SA v = NE = ME. Hier liegt eine äußerst kritische Stelle in den vorgeschobenen Beziehungen, aus denen sich folgende Aussagen ergeben:

MA v = NE: Fehlschläge, Schwäche, Reizbarkeit.

MA v = MO/NE: Überempfindlichkeit, geschwächtes Triebleben, Störungen durch unnatürliches Verhalten.

MA v = SO/ME: Aufregung, Auseinandersetzung, Streit.

MO = NE tritt auch vorgeschoben auf in folgendem Zusammenhang:

MO v = NE v = SO v = VE: Demnach bedeutet:

SO v = VE: Körperliche Liebe.

MO/NE v = VE: Schwärmerische Liebe, Verschrobenheit, Enttäuschung.

UR v = PL v = SA/MK = MA/MK = MO/UR = MO/PL: Sich für andere aufaufopfern, unter anderen leiden (PL = SA/MK), sich von einem Druck unbedingt freimachen wollen (UR = SA/MK), Aufregung und Trennung (UR = PL = MA/MK), Schaden erleben, sich trennen wollen (UR = PL = MO/UR), extremes Gefühlsleben, Nervenkrise (UR = PL = MO/PL).

Wenn nicht die richtige Beurteilung des Kontakt-Kosmogramms (9) vor dieser Ehe gewarnt hätte, dann hätten die genannten Direktionen eine deutliche Sprache reden müssen. Aber wer kann schon Verliebten raten? -

Wenn man die Kosmogramme vergleicht, sollte man besonders auf die Kontaktstellen im 90°-Kreis achten: SO m = SO w = SA m = MO w, MA m = MA w = SA w.

An sich war auch der Ehemann enttäuscht, der unter SO v = NE und PL v = MA = VE/NE (erotische Verirrung) in die Ehe eingegangen ist. Es möge noch kurz erwähnt werden, daß der Ehemann ein höherer Beamter war und im Umgang den besten Eindruck machte, er war geradezu ein "Blender", dem man seine unnatürliche Veranlagung kaum ansehen konnte.

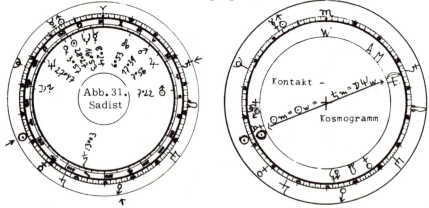

Liebes-Trennungen

Ebenso wie der Hochzeitstag nur der Abschluß eines Zeitabschnittes ist, der mit dem Kennenlernen beginnt und über Sympathie und Verliebtsein zum Eheentschluß führt, so ist auch eine Liebestrennung das Ende einer Entwicklung, die von einer Entfremdung bis zum Auseinandergehen sich oft über Jahre erstreckt und nur in Ausnahmefällen schneller vor sich geht. Es gibt Ehepartner, die sich jahrelang quälen und zermürben und trotzdem nicht den Schritt zur Aufhebung der Gemeinschaft wagen. Dabei spielen auch die Konfession, die Art der Rechtsprechung und ganz besonders die finanziellen Verhältnisse eine große Rolle. Dem Reichen fällt die Scheidung leichter als dem Armen.

Wenn daher irgendwelche Daten über Trennung oder Scheidung genannt werden, so geben die Konstellationen an den betreffenden Tagen nicht immer den gewünschten Aufschluß.

29. Beispiel: Vor einigen Jahren hat die Scheidung der schwedischen Filmschauspielerin INGRID BERGMAN von dem Regisseur ROSSELINI viel Aufsehen erregt. Nach HANS GENUIT ist INGRID BERGMAN am 28. August 1915 um 15 Uhr in Stockholm geboren. Verschiedentlich wurde 1917 als Geburtsjahr angegeben. In diesem Falle konnten nicht die richtigen Schlüsse gezogen werden. GENUIT hat seinerzeit die Scheidung für die Zeit zwischen November 1957 und Februar 1958 vorausgesagt. Er ist wahrscheinlich hauptsächlich von den Transiten ausgegangen, auf die man neben den Direktionen nicht verzichten kann. Es gibt auch Fälle, wo die Sonnenbogendirektionen zu versagen scheinen, weil in der betreffenden Zeit sehr starke Transite fällig sind. Die langsam laufenden Planeten wie Pluto, Neptun, Uranus, Saturn sind daher den Direktionen gleichzusetzen.

Die Scheidung von INGRID BERGMAN wurde am 7. November 1957 ausgesprochen. Sie war damals 42 Jahre, 2 Monate und 10 Tage alt. Zählen wir zum 28.8. dementsprechend 42 Tage, so erhalten wir den 9. Oktober 1915.

Sonne am 9.10.1915	15°06'33" Waage	= 195°06'33"
Sonne am 28. 8.1915	4°05'24" Jungfr.	= 154°05'24"
Sonnenbogen		= 41°01'09"
Sonnenbogen für 2 Monate, 10 Tage		= 12'
Sonnenbogen des Scheidungstages		= 41°13'
		======

Hat man das Arbeitsgerät zur Verfügung, so verschiebt man den äußeren Widderpunkt um 41°13' und hat damit das vorgeschobene Kosmogramm vorliegen. Anderenfalls muß man den errechneten Sonnenbogen zu allen Faktoren hinzuzählen und die Positionen entsprechend einsetzen (Abb. 32). Gehen wir ganz systematisch vor und stellen die Rechenscheibe auf die einzelnen Faktoren ein. Dann ist

SO v = VE = MO/SA = MA/MC = MO v: Liebe-Trennung-Widerstand-Ehe

ME v = NE/MC = SA/MK: Falsche Vorstellungen-Trennungsgedanken

VE v = JU/MC = SO/MK: Liebesverbindung

MA v = MK = VE/NE: Verbindung-Sehnsucht ohne Erfüllung

JU v = UR/NE = SO/SA = PL/AS: Hoffnungsfreude-Trennung-Lebenswendung

SA v = MO/MA v = VE/MK = SO/UR = ME/NE = MA/SA: Trennung-Schwierigkeiten in Verbindungen-plötzliche Trennung-getrübte Vorstellungen-Trennung

UR v = SO/SA = MO/VE = NE/MK: Krise-Trennung, plötzliches Erlebnis-Untergrabung von Verbindungen

NE v = AS = NE/MC = MA/MK = MO/NE: Hintergehung-Enttäuschung-schauspielern-Untergrabung eines Verhältnisses-Schwäche

PL v = ME/SA = UR/MK: Außergewöhnliche Probleme, Pläne werden Schicksal-Aufregung mit anderen

MK v = UR = SA/AS = VE/MC: Zwischenfälle im Gemeinschaftsleben-sich absondern-Liebesverbindung

MC v = JU/MK = SA/NE: Gemeinsame Bestrebungen - seelisch leiden

AS v = MO/NE = MA/UR = PL/MK: Haltlosigkeit, Aufregung.

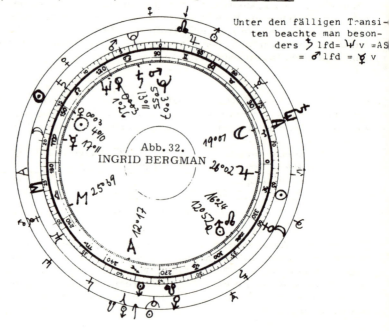

Unter den fälligen Transiten beachte man besonders ♄ lfd = ♅ v = AS = ♂ lfd = ☿ v

Abb. 32.
INGRID BERGMAN

Wenn man die Umkehrung versucht und die Scheibe auf die **Radixfaktoren** einstellt, um sie in den vorgeschobenen Halbsummen zu untersuchen, so **erhält** man ein ähnliches Bild.

Es ist nicht zu erwarten, daß alle Gestirnverbindungen auf **Trennung** oder Scheidung hinweisen, denn das betreffende Jahr bringt schließlich auch noch andere Erlebnisse mit sich. Es ist aber doch erstaunlich, wenn in **unserer** Aufstellung 13 mal Hinweise auf Trennung, Aufregung, seelisches **Leid usw.** vorkommen. Als wesentlich ist dabei die Verbindung ♆ v=AS= ♆/MC anzusehen, denn hier sind mit dem vorgeschobenen Neptun beide persönlichen Punkte, MC und AS, verbunden, noch dazu mit MO/NE, also direkt auf die große Enttäuschung einer Frau hinweisend. Diese Direktion ist **nicht genau**, sie erstreckt sich auf etwa 2° = 2 Jahre. Daraus ist zu ersehen, daß die mehrfache Untreue des Partners zur Trennung geführt hat.

Zum weiteren Studium der Leser mögen noch folgende Daten angegeben werden: Erste Ehe von INGRID BERGMAN mit Dr. LINDSTRÖM am 10. Juli 1937, Scheidung am 9. Februar 1950, Heirat mit ROSSELINI am 24. Mai 1950. - ROSSELINI geb. am 8. Mai 1906.

30. Beispiel: Die Filmschauspielerin ROMY SCHNEIDER ist in vieler Hinsicht ein gutes Beispiel, da in diesem Falle die Geburtszeit sehr genau angegeben ist: 23. September 1938 in Wien, 21 h 45 m. Die Verbindung mit dem französischen Schauspieler ALAIN DELON schien unzertrennlich. Im August 1961 schrieben wir im "Kosmischen Beobachter" in dem Aufsatz "Un-

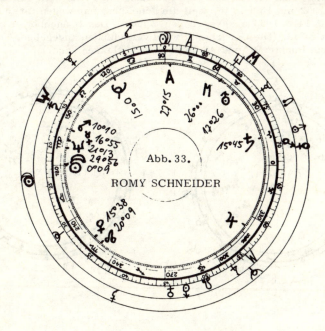

Abb. 33.
ROMY SCHNEIDER

zertrennlich - ohne Ehe" über das Kontakt-Kosmogramm der beiden Partner und sagten zum Schluß: "Ende 1962 erreicht aber Neptun 15° Skorpion, tritt innerhalb von zwei Jahren mehrfach in Verbindung mit der Sonne-Venus-Achse der beiden Partner und dürfte damit für die jungen Menschen eine Zeit bringen, in der sie die Bewährungsprobe zu bestehen haben." Nun, sie haben diese Probe nicht bestanden, am 4.2.1963 meldeten die Zeitungen: "Verlobung ROMY SCHNEIDER - ALAIN DELON entgültig geplatzt!" Es muß hierzu noch erwähnt werden, daß im Kontakt-Kosmogramm (9) Venus m mit Sonne, Mond w und gegenüber Venus w mit Sonne m in einer Achse stehen und daß nun der laufende Neptun in diese Achse kam. Nun kann man aber auch aus den Direktionen die Trennung erkennen.

Wenn man die vorgeschobene Achse Sonne, Mond v = Venus in Verbindung mit Mars betrachtet, so liegt sie gleichzeitig in SA/PL mit den Aussagen: Rücksichtslosigkeit erleben (MA), körperliche Trennung (SO), schweres Schicksal einer Frau (MO), Entfremdung (VE). Die große Enttäuschung ist zu erkennen in MC v = NE = SO/MA = MO/MA = SA/MC: Persönliche Enttäuschung (NE). Als sehr belastend ist Neptun v = Saturn anzusehen, zumal sich dieser in SO/PL = MO/PL = MA/MK befindet: Hemmungen, Schwierigkeiten (SO/PL), seelisches Leid, Niedergeschlagenheit (MO/PL), Untergrabung eines Verhältnisses, Trennung (MA/MK). Man beachte hierbei, wie die Schicksalstendenz bereits im Geburtsbild angelegt ist und nun durch die vorgeschobenen Faktoren ausgelöst wird.

31. Beispiel: Sehr tragisch war die Trennung von Prinzessin SORAYA, geb. 22. Juni 1932 um 13 h 13 m, weil die Scheidung nur wegen ihrer Kinderlosigkeit am 14.3.1958 ausgesprochen wurde. Der Sonnenbogen für dieses Datum ist 24°33. (Die Geburtszeit wird verschieden angegeben, so daß man sich auf die Punkte MC und AS nicht ganz verlassen kann.)

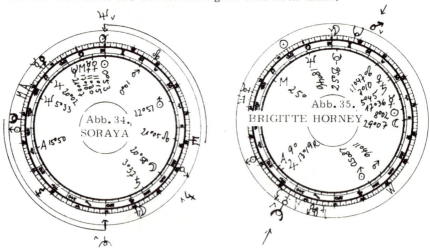

Abb. 34. SORAYA   Abb. 35. BRIGITTE HORNEY

Als wesentliche Konstellation ist Neptun v und Pluto v (Abb. 34) in Verbindung zur Sonne festzustellen. Im ersten Fall ist es ein Quadrat, im zweiten Fall ein Halbquadrat. Damit wird gleichzeitig SO r = UR/NE ausgelöst, was in Verbindung mit Pluto auf "Widerstand aufgeben, sich fügen müssen" hinweist. Mit einem Orbis von etwa 1° stehen Neptun und Pluto in Venus/Saturn. Darin liegen die enttäuschten Hoffnungen und die dadurch bedingten starken Spannungen im Liebesleben. Verbindungen mit Venus/Saturn findet man in Kosmogrammen von Frauen, bei denen sich Schwierigkeiten mit Geburten oder Kinderlosigkeit ergeben, weil bestimmte Drüsen nicht richtig funktionieren. Sehr bezeichnend ist auch Saturn v (28°10') = Mond/Neptun (28°15') mit den Aussagen: Pessimismus, Hoffnungslosigkeit, seelisches Leid, Depressionen (Abb. 34).

32. Beispiel: BRIGITTE HORNEY, Filmschauspielerin, geb. am 29. März 1911 um 21 h 30 m in Berlin, ließ sich im Jahre 1954 im Alter von 43 Jahren scheiden. Im Geburtsbild (Abb. 35) erkennt man auf den ersten Blick die Konjunktion von Venus und Saturn, wodurch Liebe und Ehe oft einen problematischen Charakter bekommen. Diese Konstellation wurde auch durch Pluto v ausgelöst, der gerade diese Konstellation zur Zeit der Scheidung überschritten hatte. Da Pluto im Anderthalbquadrat zum Mars steht, so tritt auch Mars v in Verbindung zu Venus und Saturn.

33. Beispiel: Einen ganz eigenartigen Fall veröffentlichte ich in der "Kosmobiologie" (18. J./1952, S. 264) unter der Überschrift "Eheaufhebung durch arglistige Täuschung der Frau". Die Ehe wurde am 29. Juli 1950 nach einer Verlobungszeit von 18 Monaten geschlossen. Am 24. Oktober 1951 wurde die Ehe durch Gerichtsbeschluß aufgehoben aus dem Verschulden der Frau mit der Begründung: Arglistige Täuschung der Frau dem Mann gegenüber. Die Verlobungszeit war aus beruflichen Gründen getrennt verlebt worden. In dieser Zeit hatte die Frau ein intimes Verhältnis mit einem anderen Mann begonnen und auch in der Ehe fortgesetzt. Obwohl die Frau bei ihrer Mutter um Aufschub der Ehe bat (ohne Wissen des Mannes), kam die Mutter dem Wunsche nicht nach, sondern drängte zur Heirat. In der Hochzeitsnacht kam es zum ersten und letzten Coitus. Die Frau gab an, gesundheitlich nicht auf der Höhe zu sein, worauf auch der Ehemann Rücksicht nahm. Am 16.9.1950 verließ die Frau ihren Mann mit der Begründung, daß sie ohne den anderen Mann nicht mehr leben könne. Eine vernünftige Aussprache konnte die Abreise der Frau nicht verhindern, im Gegenteil, die Frau drohte mit Selbstmord. Nach 10 Tagen kam die Frau zurück mit dem Versprechen, daß sie die Beziehungen abgebrochen hätte und nun bei ihrem Mann bleiben wolle. Der Mann war aber innerlich "abgestorben". Weihnachten/Neujahr wollte die Frau wieder verreisen, was jedoch der Ehemann verhindern konnte. Im Februar/März und Juni 1951 verließ die Frau doch wieder ihren Mann. Im August 1951 forderte die Frau ihren Mann auf, ihr die Freiheit wiederzugeben. Am 24. Oktober 1951 wurde dann die Ehe aufgehoben.

In Abb. 36 betrachte man zunächst im 90°-Kreis die Verbindungen

SA = VE/MC : verdrängte Liebesneigung, Unbefriedigtsein, Entfremdung, Trennung

SA = MA/JU : Schwierigkeiten bei Entscheidungen, Trennung eines Verhältnisses

VE = MO/SA : Hemmungen im Liebesleben, uneheliche Bindungen, Enttäuschung

MK = MO/VE Zärtlichkeitsverlangen, Verbindung mit der Mutter .

Die Ehekrise spielte um das 27. Lebensjahr. Bei der gerichtlichen Entscheidung betrug der Sonnenbogen 27°37'.

Erfahrene Leser werden bereits vermuten, daß hier der Pluto eine große Rolle spielen dürfte. Man wird auch sofort drei verschiedene Verbindungen mit oder durch Pluto erkennen.

Im Geburtsbild ist PL = SO/SA = SA/UR: Entwicklungshemmungen durch Krankheit oder schwere seelische Belastung, mit außerordentlicher Anstrengung eine schwierige Lage überwinden wollen, Auflehnung durch das Schicksal. Diese Konstellation wurde durch Sonne v ausgelöst mit der Tendenz zur Trennung.

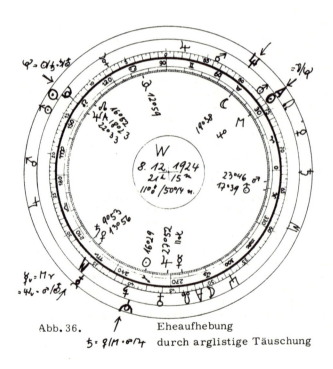

Abb. 36.   Eheaufhebung durch arglistige Täuschung

PL v = SA = VE/MC = MA/JU: Ungewöhnliches Schicksal im Liebesleben. Es wird also hier die eine Konstellation ausgelöst, die beim Anblick des Kosmogramms sofort sichtbar wird.

AS v = SO = NE/PL kann man ansehen als Beeinflussung durch einen anderen Menschen, und da AS = VE/NE ist, so kann man darin ein "Kranksein aus Liebe", Beeinflußbarkeit, Geschmacklosigkeit, Enttäuschung in der Liebe erkennen. Wesentlich scheint auch SO = MO/PL zu sein, was "auf besondere Erlebnisse zwischen Mann und Frau" schließen läßt, und zwar aufgrund einer eigenartigen Veranlagung und einem extremen Gefühlsleben.

Schließlich ist ME v = NE v = MC = MA/UR hervorzuheben mit der Neigung, sich selbst zu täuschen, in die Irre zu gehen und zu lügen (MC r = ME/NE v), hinterhältig und gemein zu handeln (NE v = MA/UR), mit Berechnung vorzugehen (ME = MA/UR) auf Grund eines unbeugsamen Charakters (MC = MA/UR). Aus den Direktionen geht also der Tatbestand hervor, der durch Transite wie auch durch das Kontakt-Kosmogramm noch erhärtet wird.

<u>34. Beispiel:</u> Im Anschluß an das vorige Beispiel sollen nun die fälligen Direktionen bei dem getäuschten Ehemann festgestellt werden (Abb. 37). Man betrachte im Geburtsbild NE = MA/MC = JU/MC und gegenüber MO = VE = SO/PL. Damit haben wir die wesentliche Konstellation gefunden, die an der gleichen Stelle wie im weiblichen Kosmogramm durch Pluto ausgelöst wird.

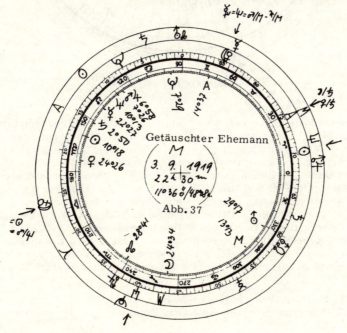

Abb. 37

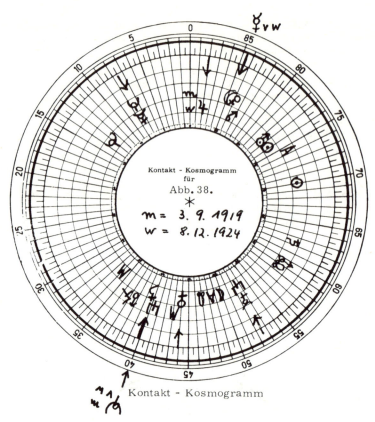

Kontakt - Kosmogramm

Die Geburtskonstellation sagt aus: Irrige oder falsche Liebesempfindungen, Unnatürlichkeit, Liebe auf Abwegen, unglückliche Liebe, entsagen müssen (NE = MO = VE). Vielleicht liegt hier ein Schlüssel für das Nichtverstehen, ohne darauf näher eingehen zu können. Wir erkennen weiter: Unselbständigkeit, sich keine Anerkennung verschaffen können, Mangel an Durchsetzungskraft, Fehlschläge (NE = MA/MC), von Glück und Erfolgen träumen ohne rechten Wirklichkeitssinn, Erfolge ohne Mühe erreichen wollen, vergehendes Glück, Enttäuschungen (NE = JU/MC). Brutale Unterdrückung der Gefühle, tragische Liebe, Hemmungen, Beeinflußbarkeit (MO = VE = NE = SO/PL). Diese Konstellationen wurden nun durch ME v und PL v ausgelöst. Die große Enttäuschung drückt sich auch darin aus, daß MO v = VE v = MA/NE v mit der Sonne in Verbindung stehen und somit das Liebesleben "lahm legen" (MA/NE).

Die Richtigkeit des Geburtsbildes bestätigt sich durch MC v = AS = MO/SA = VE/SA: Vereinsamt sein, Hemmungen, Unbefriedigtsein, getrennte Liebe.

Nun dürfte es die Leser interessieren, wie das Kontakt-Kosmogramm dieser Ehepartner aussieht. Man denke sich die beiden Kosmogramme im 90°-System verbunden. Dann entsteht ein Bild, wie es Abb. 38 zeigt. Dann sieht man, wie gerade die gemeinsame Konstellation durch PL v ausgelöst wird:

w: PL v = SA = VE/MC = MA/JU

m: PL v = NE = MA/MC = JU/MC = MO/VE = ME v.

Weiterhin entspricht MC w = VE m einer persönlichen Liebesverbindung, die aber bei der Frau verneint wird durch VE = SA/MK. Die gemeinsame Enttäuschung spricht deutlich aus ME m = NE w und gegenüber PL m = ME w.

35. Beispiel: Im Januarheft der "Kosmobiologie" 1966 wurde der Aufsatz "Das kurze Glück des Millionärs Broström" veröffentlicht. Die genauen Geburtsdaten - 17.5.1915 um 2 h 05 m Stockholm - erhielten wir von einem Freund unserer Zeitschrift direkt aus Stockholm. Anfang Dezember 1965 berichteten die Illustrierten "Stern" und "Quick" über diesen Fall. Der mehrfache Millionär BROSTRÖM, der als Großreeder und Schiffsbauer als der "schwedische Onassis" bezeichnet wird, hatte sich nach 21jähriger Ehe scheiden lassen, um sich mit der englischen Nachtclub-Tänzerin ANNABELLA LEE zu verheiraten. Die 1961 geschlossene Ehe dauerte aber nicht lange, denn als die junge Frau im Herbst 1965 von einer Reise zurückkehrte, wurde sie von dem Anwalt ihres Mannes empfangen, um mit ihr die Scheidung zu besprechen.

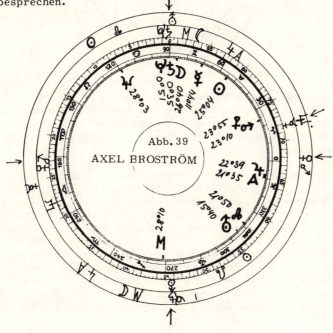

Abb. 39
AXEL BROSTRÖM

In Abb. 39 sind die Direktionen für die erste Scheidung und die zweite Eheschließung, in Abb. 40 für die zweite Scheidung dargestellt. Im Geburtsbild fällt die enge Konjunktion von Venus mit Mars auf, die in SO/JU auf ein starkes Triebleben, in UR/PL auf Liebeseroberungen und in SA/UR auf daraus folgende Spannungen und Trennungen hinweist. Da hierbei SA und PL im Anderthalbquadrat zu UR stehen, liegt die Möglichkeit nahe, daß die Grundkonstellation um das 45. Lebensjahr ausgelöst wird, wenn nämlich UR v ins Quadrat zu SA und PL kommt. Wie aus den Abbildungen zu ersehen ist, spielt die "Trennungsachse" SA, PL - UR in beiden Fällen eine Rolle. In Abb. 39 kommen SA, PL v auf UR und UR v auf SA, PL. In Abb. 40 kommt MC v auf diese Trennungsachse, wobei MC v = MO/SA ist mit der Bedeutung: Ich (MC) trenne mich plötzlich (UR) von einer Frau (MO/SA).

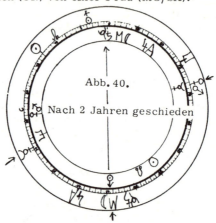

Abb. 40.

Nach 2 Jahren geschieden

Als der Millionär, der sich alles leisten kann, unter VE v -45- MA und MA v -45- VE die nur mit einer Schlange bekleidete Tänzerin sah, erwachte in ihm der Trieb, diese Frau unbedingt besitzen zu müssen. Daß er aber in dieser Zeit auch einer großen Enttäuschung entgegen ging, ist aus NE v = ME = SO/MO zu ersehen.

36. Beispiel: In ihrem bereits 1926 erschienenen Buch "Astrologie und Liebesleben" bespricht ELSBETH EBERTIN das Geburtsbild einer jungen Frau, deren Ehe bereits nach zwei Jahren geschieden wurde. Diese Frau schrieb in einem Brief an die Autorin: "Am 3. November 1904, morgens 7 Uhr, bin ich geboren, verlebte eine heitere, sorglose Jugendzeit mit vielen wechselnden Freundschaften, verlobte mich 1922 aus der Schule heraus und hatte eine etwas sonderbare Ehe, die eigentlich weniger eine Ehe als eine gute Freundschaft zwischen meinem Mann und mir war. Unsere Charaktere, unsere Anlagen, Empfindungen und Wünsche waren gegensätzlich, was der eine wollte, lag dem anderen fern. Nun kam bei mir noch ein ungeheurer Lebenshunger dazu. Alles wissen, alles sehen, alles erfahren, alles mitmachen, al-

les erleben, nur nichts versäumen, - und dazu mußte ein reifer Führer da sein. - Aber mein Mann war jung (geb. 20. Mai 1899) und konnte mir der Führer nicht sein. - Mein Mann und ich trennten uns nach zweijähriger Ehe, obwohl es uns schwer fiel, aber unsere Ehe war sinnlos geworden und ein Ende war bedingt ..."

In Abb. 41 mit den vorgeschobenen Positionen für das Alter von 18 Jahren erkennt man JU v = SO als die "glückliche Bindung (JU) an einen Mann" (SO), aber NE v -135- VE läßt die Enttäuschung (NE) in der Liebe (VE) erkennen. Das zermürbende Verhältnis, von dem die Frau im weiteren Teil ihres Briefes spricht, geht aus MA v = NE hervor, zumal MA = VE/UR auf eine plötzliche Steigerung des Trieblebens hinweist, das in Verbindung mit NE nicht erfüllt wurde. Als dann innerhalb von zwei Jahren auch MO v = NE fällig wurde, führte die Enttäuschung zur Trennung.

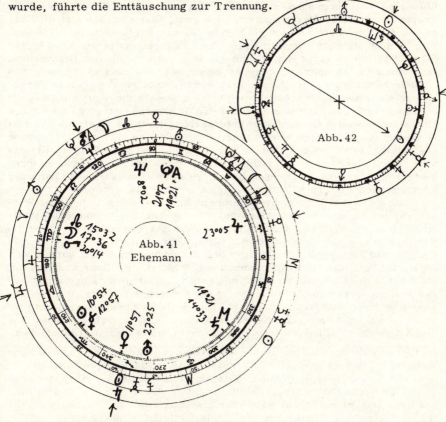

Abb. 42

Abb. 41
Ehemann

In Abb. 42 ist das Geburtsbild des Mannes (20.5.1899) kurz skizziert. SO v = SA und SA v = SO kennzeichnet die Hemmungen des jungen Ehemannes, der die Überlegenheit der temperamentvollen jungen Frau spürte und sich nicht seiner Art gemäß entfalten konnte. Da SA und NE im 90°-Kreis zusammenstehen, so wirken diese beiden Faktoren gemeinsam in Verbindung mit der Sonne, zumal sie sich in PL/MK befinden und leicht zur Untergrabung einer Verbindung führen können.

37. Beispiel: Eine geradezu "saturnische" Ehe hatte eine Frau zu führen, die am 5. Juli 1888 um 18 Uhr am Ammersee geboren wurde. Sie hatte Anfang des Jahres 1909 ihren Mann (geb. 11. Oktober 1886) kennen gelernt. Da das Liebesverhältnis nicht ohne Folgen blieb, wurde am 20. November 1909 die Ehe geschlossen. Genau 8 Tage später erfolgte der Besuch eines Staatsanwalts und Untersuchungsrichters. Ein Prozeß wegen Betruges endete mit einer Strafe von einem Jahr und acht Tagen Gefängnis. Am Tage vor der Abführung des Ehemannes stürzte die Frau mit einem Kübel Wasser die Treppe hinunter. Die Verletzung war nicht groß, aber es ergab sich die Frage, ob das Kind nicht Schaden gelitten hatte, das am 9. Dezember 1909 um 23 h 30 m in München zur Welt kam. Nach 4 Jahren mußte das Kind Anfang März 1909 infolge eines Hüftleidens operiert werden. Als der Gipsverband nach einem halben Jahr abgenommen wurde, war das Kind so schwach, daß es nicht gehen konnte. Im Januar 1914 wurde der Mann wegen eines Vergehens aus Dresden ausgewiesen. In Bayern gründete die Frau ein Geschäft für Kosmetik, das auch nach Ausbruch des Weltkrieges gut ging. Am 6. März 1915 wurde über das Geschäft eine Untersuchung durch die Staatsanwaltschaft verhängt, das Verfahren wurde aber eingestellt. Am 25. Mai 1915 wurde ein intimes Verhältnis des Mannes mit einer anderen Frau festgestellt, das nicht ohne Folgen blieb. Aber die Ehefrau mußte die Verpflichtungen ihres Mannes dem fremden Kind gegenüber übernehmen. Im Jahre 1919 hatte der Ehemann wieder ein Verhältnis mit einer anderen Frau, geboren am 24. März 1886. Im Jahre 1921 begann die schlimmste Zeit. Nach dem Genuß von Obstkuchen, den ihr jene Ehebrecherin mit Tollkirschensaft getränkt hatte, stellten sich Lähmungen der Extremitäten ein. Eines Tages fand der Mann im Kaffee, den ihm jene Frau vorgesetzt hatte, kleine Körnchen. Es stellte sich heraus, daß auch gegen ihn ein Giftmordversuch unternommen worden war. Im Herbst 1921 war die Frau nur noch ein "Schatten", ihr Haar war ergraut, 1922 wurde die Frau von ihrem Mann geschieden, aber der Ehemann unserer Nativen übernahm die Versorgnung der Kinder. Durch eine Anzeige erhielt jene Frau Stadtverbot. Aber 1923 band sich der Ehemann wieder an jene Frau und reiste mit ihr auf Messen herum. Erst danach wurde die Ehe der Nativen geschieden (siehe auch E. Ebertin, Astrologie und Liebesleben).

Im Geburtsbild der Ehefrau (Abb. 43) kann man in Sonne Quadrat Uranus Konjunktion MC das wechselvolle Schicksal mit vielen Aufregungen angelegt finden. Die Konjunktion von Neptun, Mond und Pluto deutet auf eine eigenartige Anlage des Gefühlslebens. Zu Pluto tritt noch der Mars im Anderthalbquadrat. Das Eheschicksal wird aber erst durch die verschiedenen Direktionen erkennbar. Als die Frau heiratete, kam MC v ins Quadrat zum Saturn. Da nun ein ganzer Komplex gebildet wird durch MC, SO, UR, VE, der nun innerhalb weniger Jahre über den Saturn hinwegging, so entwickelte sich diese "saturnische" Ehe. Zu dieser gab VE/MA v = SA das Vorspiel. **Nur im 90°-Kreis wird schnell erkennbar, daß NE v dem SA gegenübersteht und daß somit die Achse NE-MC über Saturn hinwegging.**

Für diese Frau war die Ehescheidung ein großes Glück, das sich auch in der Direktion Mars v Konjunktion Jupiter widerspiegelt.

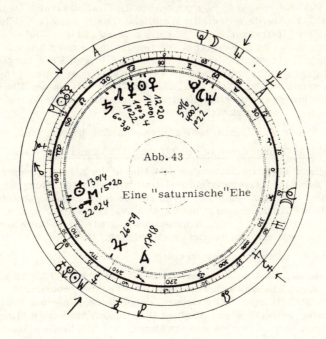

Abb. 43

Eine "saturnische" Ehe

Geburten

Die Frage, ob man den Zeitpunkt einer Geburt aufgrund umfassender Kenntnisse und Erfahrungen vorausberechnen kann, muß mit Ja beantwortet werden. Es sei hierzu an das Experiment erinnert, das im Jahre 1955 in der Zeitschrift "Kosmobiologie" durchgeführt wurde. In der Juni-Ausgabe, die Ende Mai 1955 herausgekommen ist, wurde die Frage gestellt:"Wann erfolgt die Geburt?" Es wurde mitgeteilt: Weibliche Geburt am 21.9.1929 um 2.30 Uhr in Waldhut, Heirat am 31.3.1954 in Freiburg mit männlicher Geburt am 3.7.1924 um 0.30 Uhr in Konstanz. Die Geburt sollte nach Ansicht des Arztes **Anfang Juli** stattfinden. Die Mutter der jungen Frau ist geboren am 26.6.1901 gegen 9 Uhr in Graudenz. Wer sich an dieser Untersuchung beteiligen will, sende seine Lösung möglichst bis 20.6.1955 an den Ebertin-Verlag, Aalen, und zwar mit einer Kopie. Diese wird mit dem Eingangsstempel versehen und sofort zurückgegeben.

Auf Grund dieser Veröffentlichung gingen acht Zuschriften ein.

<u>Die Geburt erfolgte am 27. Juni 1955 um 11.45 Uhr.</u>

Die junge Frau kam am 26.6. gegen 10 Uhr in die Klinik. Abends gegen 20 Uhr sagte der Arzt, er erwarte die Geburt am nächsten Morgen zwischen 4 und 6 Uhr. Doch gab man der Frau abends noch Evipan, damit sie Ruhe hätte, und das Kind kam erst um 11.45 Uhr. Die Mutter mußte, nachdem sie bereits zu Hause war, mit Brustentzündung wieder in die Klinik, wurde am 18.7. operiert und durfte nicht mehr stillen.

Es gingen nun folgende Antworten ein:

Frau Käte Kühn, Berlin, schreibt: "Am 27. Juni 1955, 10 h 35 m vorm., wird dem jungen Ehepaar wahrscheinlich eine Tochter geboren. A = 12° Jungfrau, MC = 8° Zwillinge." Die Geburt, deren Voraussage am 4.6.1955 bestätigt wurde, erfolgte also mit einer Genauigkeit bis auf 70 Minuten. Dazu schreibt Frau Kühn: "Möchte nur erwähnen, daß ich blutige Anfängerin bin und seit August 1954 mit dem 90°-Arbeitsgerät arbeite. Nach dem Einzeichnen in den 90°-Kreis brauchte ich zur Ermittlung des gesuchten Tages eine Stunde, ohne jegliche Rechnerei.

Jean Schöppens, Frankfurt, bezeichnete als Geburtstag den 25./26.6. Elmar Lerchner, Dortmund, zog den 25.6. und 12.7. in Betracht, er stützte sich dabei besonders auf ererbte Faktoren. Die weiteren Einsender gaben als vermutliche Geburtstage 24.6., 3.7., 26./27.7. an.

Mit Hilfe von Direktionen kann man einen Geburtstag allein nicht berechnen, man muß unbedingt die Transite hinzunehmen. Aber es ist zunächst wichtig, daß man durch die Direktionen die Jahre ungefähr bestimmen kann, wann Geburten erfolgen können, und wenn eine Zeugung stattgefunden hat, muß man die errechneten Direktionen durch Transite ergänzen.

<u>38. Beispiel:</u> Für die weibliche Geburt am 21.9.1929 um 2 h 30 m in Waldshut ergibt sich für Juni 1955 ein Sonnenbogen von 25°22'. Im äußeren 90°-

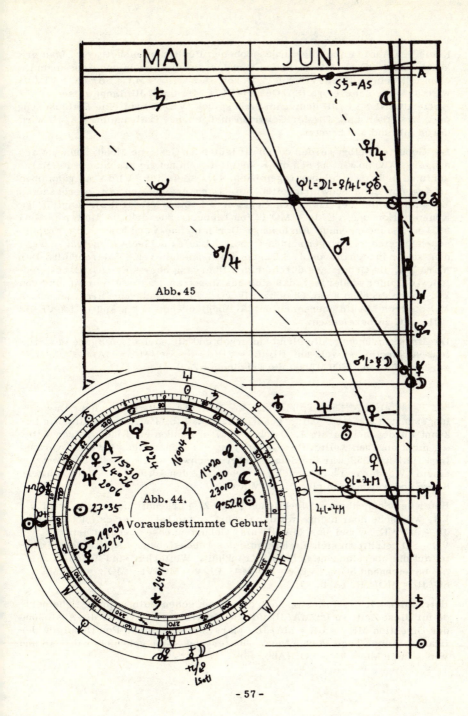

Abb. 45

Abb. 44. Vorausbestimmte Geburt

Kreis von Abb. 44 sind die vorgeschobenen Positionen eingetragen. Man erkennt sofort SO v = MO r als den Hinweis auf die Vereinigung des männlichen mit dem weiblichen Partner. Durch SA v = PL = MA = SA/MK = VE/JU wird auf eine schwierige (SA) Geburt (PL = MA = VE/JU) hingewiesen. NE v = SO = MO/NE = VE/JU deutet im Liebesglück (VE/JU) auf eine Enttäuschung oder Krankheit hin. Die für Geburten maßgebende Halbsumme MA/JU wird durch ME und MO besetzt.

Die Geburten selbst werden durch die laufenden Gestirne Mond, Sonne, Mars ausgelöst. Wenn wir uns nun die Konstellationen auf die graphische 45°-Halbsummen-Ephemeride übertragen (Abb. 45), so deutet SA lfd = AS ganz oben auf irgendwelche Schwierigkeiten hin. Dann ergibt sich ein interessantes Zusammenspiel der laufenden Gestirne PL über VE = UR als langfristige Konstellation und VE/JU = MO ("Von Liebesfreude erfüllte Mutter" - KdG 592) als stundengenaue Auslösung. Der laufende Mond kann in die graphischen Ephemeriden wegen seines schnellen Laufes schlecht eingetragen werden, da er innerhalb von 3 - 4 Tagen die Gradskala von 45° durchläuft. Der Mars löst die Geburt aus durch seinen Übergang über ME, MO. Dabei stellen wir immer wieder fest, daß sich bei Marstransiten eine Vorwirkung von 2-3 Tagen ergeben kann. Gleichzeitig wird die maßgebende Direktion SO v = MO r durch MA lfd überschritten. Als beglückend für die Mutter ist VE lfd = JU, MC zu bezeichnen.

Die Brustentzündung, die sich bald ergab und die auch die Aufgabe des Stillens verlangte, ist wohl auf PL lfd = VE = UR = SO/MA = MA/PL = MO/SA zurückzuführen. (SO/MA ist die entzündete Zelle.)

39. Beispiel: Die Schauspielerin EVA BARTOK, die neben ihrer Darstellungskunst auch stets dafür gesorgt hat, daß ihr Privatleben allseitig bekannt wurde, bekam am 7. Oktober 1957 in London ein Kind, dessen Vater sie nicht angeben wollte. Der Geburt ging ein eigenartiges Erlebnis voraus. Im Frühjahr 1958 war die Schauspielerin schwer krank, ließ sich dann von einem "Wunderarzt" behandeln, erlebte um den 10. 6. 1957 eine schwere Krise und wurde dann glückliche Mutter.

Unter den Sonnenbogen-Direktionen (Sbg = 27°) erkennt man zunächst ME v = UR, was scheinbar nichts mit der Geburt zu tun hat, aber es ist UR = MA/JU = JU/MK, wobei uns MA/JU als "Geburtenachse" bekannt ist. MC v = VE = SO betrifft an sich ein Ereignis des Liebeslebens, SA/NE hierbei deutet auf die überstandene schwere Krankheit. Weiterhin sind für das Ereignis bezeichnend SO v = VE v = SO/MA; PL v = MO/VE; MO v = VE/MA v = SO/JU = MO/UR. (Abb. 47)

Betrachten wir die Transite nach der graphischen Halbsummen-Ephemeride für diese Zeit, so ist MA/JU lfd = UR charakteristisch für die Auslösung der Direktion ME v = UR = MA/JU. Mars löst wieder die Positionslinie des Uranus einige Tage vorher aus. Jupiter und Sonne gehen über den AS und Venus über MC = VE = SO. (Abb. 46)

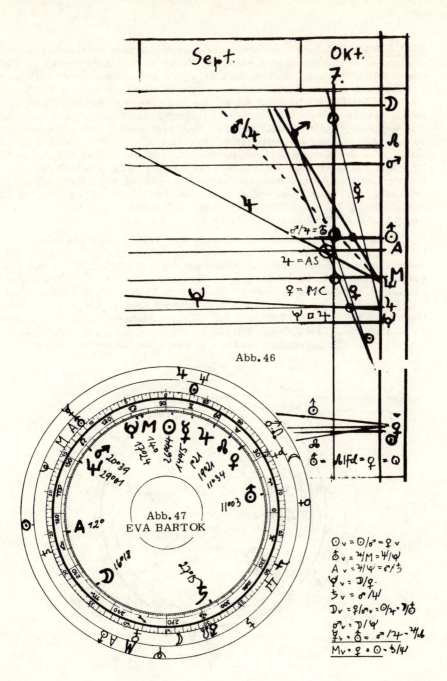

Abb. 46

Abb. 47
EVA BARTOK

- 59 -

40. Beispiel: Die Direktionen sind keineswegs immer so klar zu erkennen. wie in den vorangegangenen Beispielen, daher muß immer wieder ein Fall eingeschaltet werden, in dem die Entsprechungen nicht so offen vorliegen. Es spielen auch immer noch andere Angelegenheiten mit hinein. Die Schauspielerin ROMY SCHNEIDER wurde am 3. Dezember 1966 um 9 h 06 m in Berlin Mutter, knapp fünf Monate nach ihrer rasch geschlossenen Ehe mit dem Regisseur HARRY MEYEN, der sich erst kurz zuvor hatte scheiden lassen. Als markante Konstellation tritt eigentlich nur JU v = NE auf, die man als "scheinbares Glück" bezeichnet. Nun ist im Geburtsbild (Abb. 48) NE = MO/MA = SO/MA = VE/PL, woraus man auf fehlgeleitetes Triebleben, Untergrabung von Familienverhältnissen, Verführbarkeit, Haltlosigkeit in der Liebe, aber auch Liebesglück schließen kann. Weiterhin nehmen auf die Geburt Bezug MA/JU v (Geburtenachse) = SO = MO = VE, PL v = MA/UR = VE/MA, VE v = SO v = MO v = SO/MC.

In diesem Falle wurde als Abb. 49 eine fast vollständige graphische 45°-Ephemeride beigefügt, so daß man hier Zeugung, Heirat und Geburt gleichzeitig verfolgen kann. Wenn die Geburt am 3.12. erfolgte, so muß der Zeugungstag etwa 9 Monate früher liegen. Zu dieser Zeit war die VE scheinbar rückläufig und überschritt hier PL (fanatische Liebe, in den Liebespartner "verschossen" sein, sich unter einem inneren Zwang zum Liebespartner hingezogen fühlen - KdG 638) und ME (Liebesgedanken) in der Halbsumme VE/MA (starkes Triebleben). Ein Blick zurück auf die Direktionen läßt erkennen, daß UR v gegenüber von PL r in Venus/Saturn steht, wozu die KdG

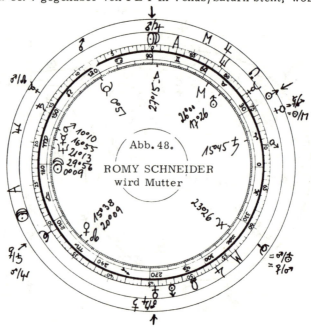

Abb. 48.
ROMY SCHNEIDER
wird Mutter

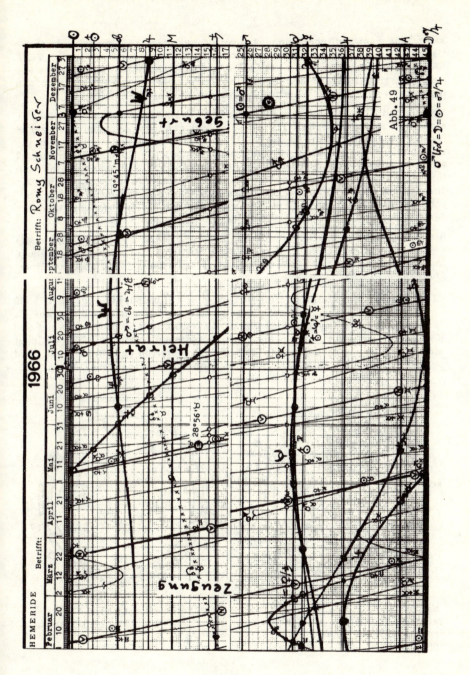

Abb. 49

sagt: "Außergewöhnliche Spannungen im Liebesleben, vorübergehende chaotische Zustände, - in ein vorübergehendes Verhältnis "verrannt" sein. VE / SA ist dabei bezeichnend für eine getrennte oder uneheliche Liebe. Kurz vor den Venustransiten kam der Jupiter in seinem scheinbaren Stillstand auf den Neptun, so daß also JU v und JU lfd gemeinsam auf NE einwirkten.

Uranus und Pluto blieben nun monatelang in Verbindung mit den Positionslinien von Pluto und Merkur. Es mag also hier sehr starke Spannungen gegeben haben, aber die Frau siegte in diesem Falle und heiratete den Vater ihres künftigen Kindes während der Dreharbeiten, die angeblich nur für 15 Minuten unterbrochen wurden. Diese Eheschließung war also nur eine rein formelle Angelegenheit, so daß es verständlich ist, wenn hier keine besonderen Konstellationen vorliegen. Mars ging über MK = JU/UR (rasche Entschlossenheit, sich mit anderen freuen). UR und PL lfd überschritten wieder ME, wodurch neue Lebensbedingungen angedeutet werden.

Als nun die Geburt am 3.12. erfolgte, ist es bezeichnend, daß MA lfd = MO = SO = MA/JU und SO lfd = MA = SO/JU = MO/JU fällig werden. Die Geburt dauerte fünf Stunden und verlangte von der jungen Mutter eine ungewöhnliche Anstrengung (MA). (Abb. 49)

<u>41. Beispiel:</u> Die jetzige Königin JULIANE von Holland, geb. 30. April 1909 um 18 h 49 m in Haag, gebar die jetzige Kronprinzessin BEATRIX am 31. Januar 1938 um 9 h 47 m in Soestdijk. Wesentlich ist im Kosmogramm der Königin MA v = MO r, eine reine Mutterschaftskonstellation. MC v befindet sich in VE/UR, eine Halbsumme, die oft bei Geburten eine Rolle spielt, und schließlich ist MO v in MA/JU, der bekannten "Geburtenachse". (Abb. 50)

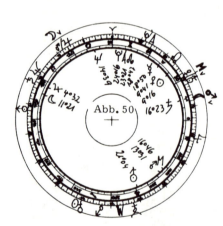
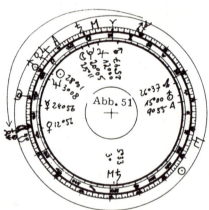

Königin Juliane von Holland
geb.30.4.1909, 18 h 49 m im Haag
Kronprinzessin Beatrix
geb.31.1.1938, 9 h 47 m, Soestijk

Prinzessin Margret Rose
geb.21.8.1930, 20 h 17 m Glamis,
Sohn geb. 3.11.1961

42. Beispiel: Prinzessin MARGRET ROSE, geb. 21. August 1930 um 20 h 17 m in Glamis/Schottland, bekam ihren Sohn am 3. November 1961. Ebenso wie in Beispiel 41 / Abb. 50 löst auch hier MA v mit ME v auf MO r die Geburt aus.

43. Beispiel: In der "Kosmobiologie", 18. Jahrgang/Mai 1952, S. 238 führte M. NEHER ein Geburtsbild auf Grund einer künstlichen Zeugung vor. Von der Mutter ist nur das Geburtsdatum bekannt: 22. Juni 1925. Das Kind kam am 11. Juni 1950 um 5 h in Wien zur Welt. Für die Eltern wurde dieses Kind "ihre ganze Freude und ihr Sonnenschein". Das ist auch im Geburtsbild der Mutter sofort zu erkennen durch UR v = JU mit der Aussage:"plötzliches Glück" in MA/PL (körperlicher Eingriff). ME v = MA = VE/SA kann darauf hinweisen, daß es sich um bewußt herbeigeführte (ME = MA) uneheliche Geburt (VE/SA) handelte. Das geht auch aus SA v = VE hervor. Den ungewöhnlichen Liebesakt erkennt man aus VE v = UR (Exzentrizität). Man müßte viele Beispiele vorliegen haben, um herauszuarbeiten, wie weit sich die Direktionen normaler Geburten von "künstlich erzeugten" unterscheiden. Vor allen Dingen benötigt man dazu die genaue Geburtszeit und auch das Kosmogramm des Mannes. Denn ob die Freude an der Geburt von beiden Ehegatten empfunden wird, hängt doch sehr stark von ihrem gegenseitigen Verhältnis und der Gegenüberstellung der Kosmogramme ab.

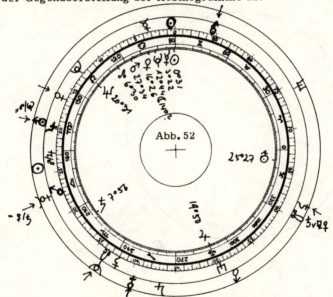

Mutter eines künstlich gezeugten
Kindes, geb. 22.6.1925
Kind geb. 11.6.1950, 5 h in Wien.

Fehlgeburten

Es entsteht nun die sehr wichtige Frage, ob man Fehlgeburten, lebensunfähige Kinder und kranken Nachwuchs verhindern kann. Wenn man z. B. an die "Contergan"-Kinder denkt, die ein so schweres Leben haben und auch für ihre Eltern eine große Belastung darstellen, so wäre es doch ein großer Vorteil, wenn man solche Schicksale ausschalten könnte. Es ist ja leider so, daß die Wissenschaft sich darum bemüht, Tiere zu züchten, und die Geburten nicht dem Zufall zu überlassen, um einen qualifizierten Nachwuchs zu erhalten, daß diese Wissenschaft aber nichts oder nur sehr wenig tut, um die Menschen zu einer bewußten Zeugung anzuhalten. Die Kosmobiologie kann hierzu einen Beitrag liefern.

44. Beispiel: Aufgrund einer Mitteilung des "Centrum voor Kosmobiologie", (Leitung DRAGER/BODE, Amsterdam) erhielten wir den Fall einer Fehlgeburt provocatus, d. h. einer absichtlich herbeigeführten Fehlgeburt. Die Frau stammt aus einer alten und reichen Familie, ist in konventionellen und konservativen Gedankengängen aufgewachsen, d. h. sie hat keine entsprechende Aufklärung erhalten, hat bis sechs Monate vor der Fehlgeburt keinen

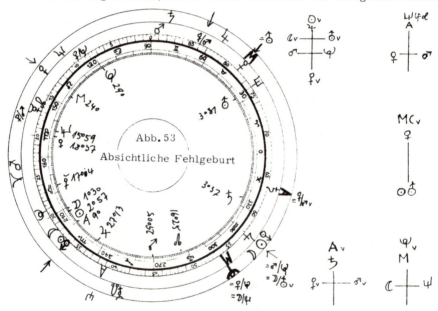

Abb. 53 Absichtliche Fehlgeburt

intimen Kontakt mit einem Mann gehabt, und als sie nun verführt wurde, ergab sich auch sofort eine Schwangerschaft. Die Bereitschaft erkennt man sofort an den Direktionen bei einem Sonnenbogen von 24°24' (Abb. 53). MCv = VE = UR = SO läßt auf ein außergewöhnliches Liebeserleben, eine seelische Erschütterung aber auch Handlungsbereitschaft schließen. AS v = VE/ MA v = SA entspricht einem unehelichen Verhältnis. PL v = MC = VE/PL = MO/NE deutet auf ein starkes Liebesempfinden, ein plötzliches Liebeserleben mit folgender seelischer Erschütterung. Die Fehlgeburt wurde herbeigeführt, als sich der laufende Neptun in enger Konjunktion mit dem Aszendenten in der Halbsumme VE/MA (Verneinung der Geburt) befand, und Mars lfd über den Komplex SA = ME = MK = AS v = VE/MA v hinwegging.

45. Beispiel: Die 60. Arbeitsaufgabe in der Zeitschrift "Kosmobiologie" stellte die Frage: "Wann wird das dritte Kind der Frau JAQUELINE KENNEDY im August 1963 geboren werden? Wird die Geburt leicht oder schwer sein?"

Diese Aufgabe wurde im Juliheft gestellt, das Ende Juni 1963 herausgekommen ist. Die ersten beiden Geburten erfolgten durch Kaiserschnitt, es war daher wahrscheinlich, daß auch die dritte Geburt in der gleichen Weise vorgenommen werden würde. Die Lösungen sollten bis zum 3. August 1963 eingesandt werden.

Alle Bearbeiter dieser Aufgabe waren sich darüber einig, daß es sich um eine schwere Geburt handeln würde. In einem Falle wurde klar erkannt, daß sich Frau KENNEDY am 5. August in die Klinik begeben müßte. In einer Zuschrift wurde gesagt, daß "das Leben auf des Messers Schneide steht" und daß das Kind eventuell stirbt.

Die Presse teilte kurz vor der Geburt mit, daß es der Mutter gut gehe, und als das Kind geboren war, hieß es "Mutter und Kind seien wohlauf". In seiner politischen Vorschau auf der Arbeitstagung sagte R. EBERTIN bei der Betrachtung der Konstellationen KENNEDYs: "Augenblicklich tritt KENNEDY in eine Krise ein, bei der es schwer fällt zu sagen, ob sich diese politisch oder innerhalb der Familie auslöst." Man muß dabei berücksichtigen, daß es keineswegs verantwortet werden kann, eine Todesprognose zu stellen, zumal es eben Einflüsse gibt, die kosmisch nicht erfaßbar sind. Nebenbei wurde auch auf die Gefahr eines Attentats in der nächsten Zeit hingewiesen.

Zu unserem Beispiel sei zunächst gesagt, daß das Kind am 7. August geboren wurde und am 8. August starb.

Unter den Direktionen (Abb. 54) bei einem Sonnenbogen von 31°18' muß sofort SA v = MO = MA/JU = SA/NE = NE/MC ins Auge fallen. Es handelt sich hier um die Geburtenachse MA/JU, die gleichzeitig mit Mond in negativen Halbsummen steht. Wenn nun SA v hinzukommt, so liegt die Gefahr einer schweren Geburt sehr nahe. UR v = MA/UR deutet auf die Möglichkeit eines operativen Eingriffs hin. JU v = UR müßte man als ein beglückendes Ereignis bezeichnen, wenn nicht auch MO/SA r einbezogen würde, was einer plötzlichen Trennung bzw. Operation entspricht (Abb. 54).

Die Einzelheiten gehen dann aus dem Jahresdiagramm hervor. Wir erinnern uns, daß direktional SA v = MO fällig war. Hier fällt sofort PL lfd = MO auf. Wie in vielen Fällen wird also die Direktion durch entsprechende Transite

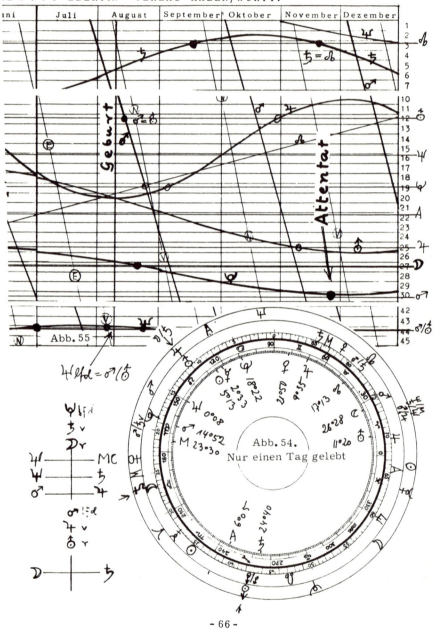

Abb. 54.
Nur einen Tag gelebt

Abb. 55

ausgelöst. NE lfd = MA/UR muß als kritisch angesehen werden. Es ist immer empfehlenswert, bei Geburten wie auch Operationen die "Operationsachse" MA/UR mit zu betrachten. Am folgenden Tage wird MA lfd = UR fällig.

Am 20.11.1963 erfolgte das Attentat auf KENNEDY, das die Direktion MA v = PL und PL v = MA auslöste. Hier sehen wir, wie PL lfd = MA r fällig wird, also die gleiche Konstellation als Transit erscheint.   Außerdem entspricht SA lfd = MK einer Trennung.

46. Beispiel: In der "Kosmobiologie", 28. J./März 1961, S. 60, teilte ALFRED RANA das "tragische Geschick einer jungen Frau" mit, die am 15.2. 1922 geboren wurde. Sie wird als eine zierliche, hübsche Frau bezeichnet, die auf eine gut gepflegte Erscheinung Wert legt, sehr elegant auftritt und sich taktvoll zu benehmen weiß. In einem amerikanischen Warenhaus lernte sie einen Deutsch-Amerikaner, Akademiker, kennen, den sie sehr lieb hatte. Doch es kam zu keiner Heirat, weil die Frau ihre deutsche Heimat nicht aufgeben wollte. Nun stellte die Frau aber eines Tages fest, daß sich aus dem Liebesverhältnis Folgen ergeben hatten.   Der Arzt bestätigte eine Schwangerschaft im zweiten Monat. Daraufhin trafen sich die beiden Partner am 4. Mai 1955 und vereinbarten einen kurzfristigen Hochzeitstermin. Am 6. Mai 1955 nachmittags erhielt die Frau die Nachricht, daß ihr Verlobter am 5. Mai früh, kurz vor 5 Uhr, im Auto tödlich verunglückt sei. Einige Wochen nach dem Vorfall erkrankte die Frau an Grippe, wurde mit hohem Fieber ins Krankenhaus gebracht; der Arzt stellte fest, daß es sich nicht um eine Grippe handelte, sondern daß die Frucht im Körper bereits abgestorben und eine Sepsis entstanden war. Die Operation ging auf Leben und Tod; nur eine Reihe von Blutübertragungen retteten die junge Frau.

Im Geburtsbild (Abb. 56) erkennen wir eine enge Konjunktion von MC, Saturn und Mond und dazu ein Quadrat des Pluto. Im 90°-Kreis ergibt sich dann das Bild SA = MO/MC = PL/MC, woraus man auf die Unterbrechung eines seelischen Kontaktes, Trennung, Trauer, Ringen um die Existenz schließen kann. Wir werden annehmen können, daß dieser Komplex auch bei dem Geschehen des Jahres 1955 im Alter von 33 Jahren bei einem Sonnenbogen von 33°16' mitspricht.

Es ist JU v = SA r = MO/PL = PL/MC. Da im Geburtsbild JU = VE/UR ist, was auf Zeugung, Geburt hinweist, so kommt auch VE/UR v in das genannte Bild, was ein tragisches (SA) "Erwachen aus einem Liebesrausch" (VE/UR) geben kann. Das durch JU = VE/UR angedeutete Liebesglück wird durch SA verneint. Man beachte, wie die wesentlichen Konstellationen - hier JU = SA - gerade durch die Halbsummen die Richtung auf das spezielle Geschehen erhalten. UR v = VE - diese Konstellation wurde mehrfach bei Geburten festgestellt - erhält durch UR/NE (= MK) einen leidvollen Charakter. SO v = NE = MK v kennzeichnet Enttäuschung, Leid, Krankheit, eine Verneinung des Glücks (JU/UR) wie auch die Verneinung (NE) einer Verbindung (MK).

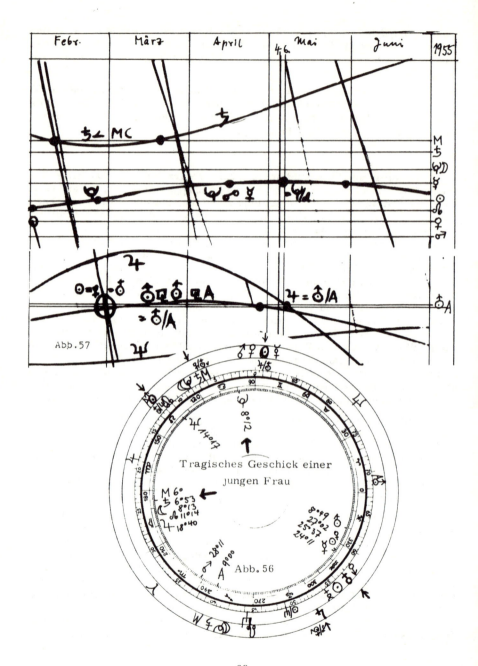

Tragisches Geschick einer jungen Frau

Abb. 56

Abb. 57

Ziehen wir die graphische 45°-Ephemeride zur Erläuterung heran, so finden wir eine starke Liebeskonstellation Anfang März, also zwei Monate vor dem tragischen Geschehen, in SO lfd = VE lfd = UR = AS. Aber gleichzeitig kündet SA = MC die folgende Tragik an. UR läuft nun auf den Positionslinien von Uranus und Aszendent entlang und kündet hier "aufregende Erlebnisse" (KdG 974) an. PL lfd befindet sich inmitten des großen Komplexes von MC, SA, PL, MO, ME, SO, MK, VE, MA (Abb. 58).

Die seelische Erschütterung, die durch MO = PL im Geburtsbild angezeigt ist, wird durch PL lfd ausgelöst.

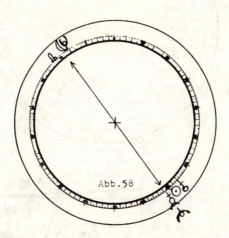

JU = UR/AS ist als eine günstige Wendung insoweit zu betrachten, als durch die Vorfälle das unehelich gezeugte Kind nicht zur Welt gekommen ist.

In der Zeichnung Abb. 57 ist nicht mehr sichtbar, daß SA lfd auf NE zugeht und somit der durch die Direktion SO v = NE angedeuteten Krankheit und seelischen Belastung entspricht. Außerdem läuft PL auf die SO zu und kennzeichnet damit Krankheit und Operation.

47. Beispiel: Die Schauspielerin ELKE SOMMER, geb. 6. November 1940 um 3 h SZ in Berlin, erlebte am 22. Januar 1965 eine Fehlgeburt. In Abb. 59 steht MC v mit MK zusammen gegenüber von UR in MA/NE, was auf Schwäche, Anfälligkeit, Krankheit, Fehlschlag hinweist. Die Verbindung (MK) mit kranken Personen (MA/NE) ist gleichbedeutend mit einem Aufenthalt im Krankenhaus. NE v hat MA überschritten, ist aber in SO/NE und SA/NE ebenfalls für das Geschehen bezeichnend. MK v = MO = PL = AS = UR v entspricht den Aufregungen, die mit einer solchen Fehlgeburt zusammenhängen und die gleichzeitig auch andere Personen (MK), insbesondere den Partner, mit einbeziehen.

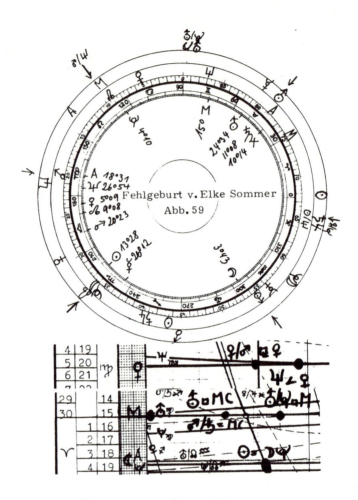

Fehlgeburt v. Elke Sommer
Abb. 59

48. Beispiel: In der "Kosmobiologie" (33. J. /April 1966) machte Frau LYDIA WEISMANN folgende Angaben:"Ich habe am 28. Juli 1949 eine Schwangerschafts-Unterbrechung gehabt, die nicht normal verlaufen ist. Das betreffende Organ ist bei mir immer sehr schmal gewesen, doch konnte ich zwei gesunde Söhne zur Welt bringen. Beim dritten sollte die Schwangerschaft wegen zu großer Belastung unterbrochen werden. Der Arzt hatte das Mißgeschick, mich innerlich zu verletzen, es wurde eine schwere Operation, die auch eine Armlähmung in der Narkose nach sich zog. Angeregt durch Ihre Darstellung (R.E. "Der Einfluß des Pluto auf das Liebesleben") habe ich jetzt festgestellt, daß sich im 90°-Kreis die Konjunktion der laufenden Planeten MA und UR mit PL = VE/UR deckte ..."

Berechnen wir für den Zeitpunkt der Schwangerschaftsunterbrechung die Sonnenbogendirektionen (34°05'), so erreicht (Abb. 60) SA v 20°32' Löwe das Halbquadrat zu MC in VE/UR, was an sich auf eine schwere Geburt hinweist (KdG 620). Der vorgeschobene Komplex MC v = AS v = PL befindet sich in den Halbsummen VE/SA = UR/NE = SO/NE, umgekehrt decken sich diese Halbsummen vorgeschoben mit dem Mond und bezeichnen somit den Krankheitszustand einer Frau. Die Nachteile bei der Operation ergeben sich aus MA/UR v = SO/MA v = NE. Der vorgeschobenen Operationsachse MA/UR entspricht auch die laufende Halbsumme MA/UR, die in dieser Zeit über den Komplex AS, PL, MC und VE/UR hinweggeht, während PL lfd = MA = VE/NE fällig wird.

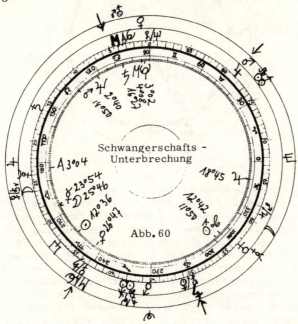

Abb. 60

49. Beispiel: Im Jahre 1953 erlebte eine Frau im Alter von 33 Jahren die Geburt eines kranken und in der Entwicklung gehemmten Kindes. Abb. 61 zeigt die maßgebenden Konstellationen. Im Geburtsbild stehen MO und NE in einem gradgenauen Quadrat in VE/MA, wobei eine Mutterschaft (MO = VE/MA) zu einer schwerwiegenden Enttäuschung führen kann.

Diese Konstellation wurde ausgelöst durch PL v. Für die Geburt an sich ist VE v = MC = AS bezeichnend. Bei einer solchen Konstellation kommt es besonders darauf an, wie die Zeit der Schwangerschaft verläuft. Unter den

Transiten waren kurz vor der Geburt fällig: NE lfd -0- MA, SA lfd in Verbindung mit SA, UR, MA. Ähnliche Konstellationen waren auch schon bei der Zeugung fällig. Es ist nicht bekannt, ob Krankheit, seelische Erlebnisse der Mutter oder auch die Einnahme von Medikamenten mitgesprochen hat.

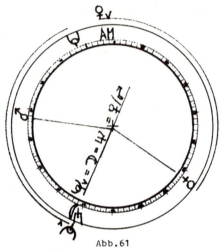

Abb. 61

50. Beispiel: Unter die Reihe der Geburten soll auch eine Mutter aufgenommen werden, die ein Contergan-Kind geboren hat. In der "Kosmobiologie", 29. J./Nov. 1962, führten wir die Kosmogramme von mehreren solcher Kinder vor und greifen nun das heraus, bei dem auch das Geburtsbild der Mutter vorliegt, die am 27. Juni 1935 um 23 h 45 m in Saarbrücken geboren wurde. Die Mißbildung kam am 12. Oktober 1961 um 6 h in Saarbrücken zur Welt. Der seinerzeit veröffentlichte Aufsatz richtete sich auch gegen die Behauptung von Dr. FIDELSBERGER, Wien, daß Mißbildungen, die bereits vor dem Geburtstermin aufgetreten sind, aus dem Geburtsbild nicht zu erkennen sind. Es wurde der Nachweis erbracht, daß es doch der Fall ist. Zur Erläuterung sind mehrere Kosmogramme notwendig. Abb. 62 zeigt das Geburtsbild der Mutter, Abb. 63 das des Kindes, Abb. 64 innen das heliozentrische und außen das geozentrische Geburtsbild der Mutter mit den fälligen Direktionen.

Im Kosmogramm der Mutter wird man sofort SA -180- NE feststellen. Das ist aber eine Konstellation, die sehr vielen Menschen eigen ist, die das gleiche Geburtsjahr haben. Im 90°-Kreis sieht man PL gegenüber SA und NE. Auch das ist eine Krankheitskonstellation, die viele Menschen betrifft, vor allem viele junge Mütter, die etwa gleichzeitig schwere Geburten durchmachen mußten. Der Kreis dieser Frauen wird aber dadurch eingeengt, daß SO = NE/PL = VE = MA/MC vorhanden ist. Dadurch wird eine schwerwiegende Konstellation auf den Tag (SO) und die Stunde (MC) beschränkt. In der

KdG finden wir unter Nr. 999 unter SO = NE/PL die Aussage: "Empfindlicher Körper, Sensitivität, Beeinflußbarkeit. - Eigenartige Krankheiten (als Folge von Genußgiften oder Medikamenten) ..." Die Mutter hat bestätigt, daß sie schon vor und während der Schwangerschaft das Schlafmittel CONTERGAN genommen hat.

Weiterhin weist MO = VE/SA = MA = SO/PL auf Störungen oder Schwierigkeiten der werdenden Mutter (MA = MO), bzw. des weiblichen Organismus (MO = SO/PL) hin. Damit wurden nur die wichtigsten Konstellationen genannt, die auch durch Direktionen ausgelöst werden. Bei einem Sonnenbogen von 25°04' ist SA v = SO, womit also auch die erste schwerwiegende Konstellation (NE/PL) ausgelöst wird, die schweren Schädigungen durch Medikamente entsprechen kann. Das gleiche Planetenbild wird auch durch PL v = VE angegriffen. Die Mutterschafts-Konstellation wird durch UR v = MO = MA = VE/SA = SO/PL zur Auslösung gebracht.

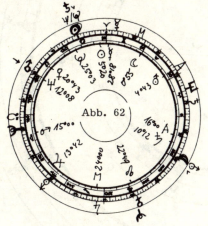

Geburt eines Contergan-Kindes   Contergan-Kind

Die Beschäftigung mit den heliozentrischen Konstellationen, über die noch sehr wenig Erfahrungen vorliegen, gab den Anlaß, das Geburtsbild der Mutter und des Kindes auch heliozentrisch zu berechnen. Hier ist das gleiche Planetenbild ER (Erde) = NE/PL = VE fällig, und diese Konstellation wird ebenfalls durch PL v ausgelöst. Außerdem haben VE und ER v die Halbsumme NE = ER/VE = UR/PL überschritten. (Abb. 64)

Im äußersten heliozentrischen Kreis im Kosmogramm des Kindes wurden die laufenden heliozentrischen Gestirne markiert. Hier ist wesentlich PL = ME = ER/SA. Es ist wohl bekannt, daß eine Verbindung von Sonne und Saturn auf Entwicklungshemmungen hinweist; dasselbe gilt auch von Erde und Saturn. In dem genannten Aufsatz wurden weitere Fälle von Contergan-Geburten genannt, bei denen ebenfalls die Halbsumme ER/SA besetzt ist.

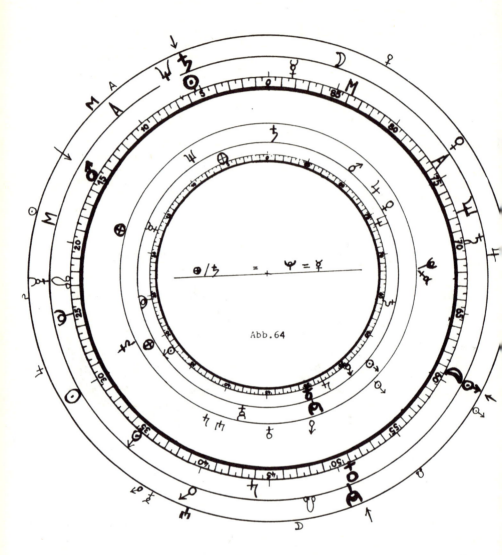

Abb. 64

Es ist anzunehmen, daß nicht allein die Gestirne in geozentrischer sondern auch in heliozentrischer Sicht einen starken Einfluß nehmen können, was mehrfach bei besonderen Krankheiten nachgewiesen wurde. Man denke z. B. daran, daß unter bestimmten heliozentrischen Konstellationen Sonneneruptionen stattfinden. Der Einfluß derselben auf das Wetter und das gesamte biologische Geschehen ist bekannt; nur hat man übersehen, daß eben die Ursache der Sonnenflecken in heliozentrischen Konstellationen zu suchen ist.

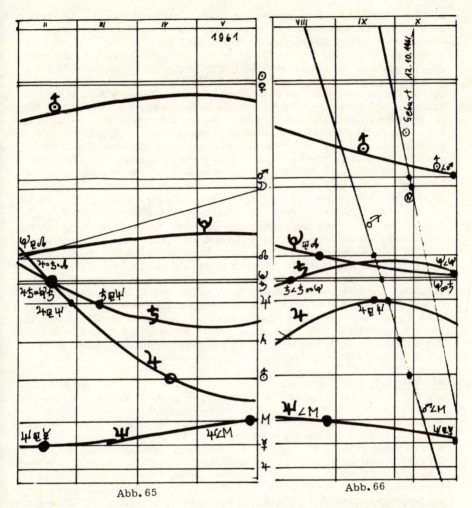

Abb. 65   Abb. 66

Dr. med. WILHELM FOLKERT hat in seinem Werk "Sphäron" ebenfalls den Nachweis erbracht, daß das Krankheitsgeschehen auch mit heliozentrischen Konstellationen in Verbindung steht. Wahrscheinlich muß man aber in der heliozentrischen Betrachtung den Orbis etwas größer wählen. Man beachte, daß SA lfd = ER v = NE, MA lfd = PL v = VE = ER ist, um nur einige Konstellationen herauszugreifen.

Es muß noch bemerkt werden, daß weder das Contergan noch die geozentrischen oder heliozentrischen Konstellationen die Mißgeburt bewirkt haben, sondern daß die verschiedenen Faktoren zusammenwirken.

Das Kind hatte bei der Geburt an der einen Schulter gar keinen Armansatz, die andere Schulter hatte nur einen kurzen Ansatz mit zwei zusammengewachsenen Fingern. Das Kind ist am 8. Mai 1962 um 19h 15 m in Saarbrücken gestorben. Nun wurde bereits festgestellt, daß durch Einnahme von Contergan am 25. Tag der Schwangerschaft Schädigung der Ohren, am 27. bis 32. Tag die Arme, einen Tag später die Beine betroffen werden. Da die Geburt am 12. Oktober erfolgte, ist anzunehmen, daß die Zeugung Anfang bis Mitte Januar stattgefunden hat. Wenn nun die Arme mißgebildet waren, so hätte die Einnahme von Contergan besonders Anfang Februar schwere Folgen haben müssen. In Abb. 65 zeigt uns die graphische 45°-Ephemeride, daß im Februar NE-135-ME fällig wurde. Die laufenden Planeten JU und SA gingen über PL und SA hinweg. In der KdG finden wir unter Nr. 890 den Hinweis bei SA/PL auf eine Organ-Unterentwicklung. Hier handelt es sich allerdings um eine Unterentwicklung der Gliedmaßen und nicht der Organe. Es ist also wahrscheinlich, daß die junge Mutter in dieser Zeit eine Krise durchmachte und bei Schlaflosigkeit das schädigende Medikament einnahm. Über viele Monate der Schwangerschaft hinweg stand NE in Verbindung mit MC, was wieder auf schädigende Einflüsse hinweist. Als dann die Geburt erfolgte (Abb. 66), standen nicht JU und SA in Verbindung mit PL und SA der Geburt, sondern jetzt wirkte auch der PL mit und zwar in der Weise, daß die Winkelverbindung von SA und PL mit PL und SA zusammenkam. Es handelte sich also um eine Wiederholungskonstellation des Geburtsbildes von PL = SA/NE, in deren Halbsumme sich die Sonne befand, die außerdem in diesem Jahr direktional durch SA ausgelöst wurde. Es ergeben sich also derart klare Zusammenhänge, daß man sich immer wieder fragen muß, wie solche Entsprechungen zwischen kosmischen Konstellationen und biologischem Geschehen überhaupt möglich sind.

51. Beispiel: Der Fall einer Totgeburt stammt aus einer Arbeitsaufgabe, die im 16. Jahrgang der "Kosmobiologie" gestellt wurde. Es waren die Geburtsdaten der Mutter und ihrer drei Kinder gegeben. Es sollte nun herausgefunden werden, in welchem Falle es sich um eine Totgeburt handelte. Die Untersuchung der Lösung wurde von Dr. VERLEGER vorgenommen. Von 41 eingesandten Arbeiten waren 22 richtig mit dem Ergebnis, daß es sich im ersten Fall um eine Totgeburt handelte. Wenn mancher Leser eine Trefferzahl von 53,6 % als zu niedrig ansehen sollte, so ist doch zu berücksichtigen, daß es sich durchaus nicht in allen Fällen um qualifizierte Bearbeiter handelte, sondern auch mehrere Anfänger dabei waren. Mit dieser Arbeitsaufgabe war auch eine Untersuchung verbunden, mit welcher Methode die besten Ergebnisse erzielt wurden. 21 richtige Ergebnisse wurden mit unserer Arbeitsweise erzielt (Halbsummen-Methode), nur ein richtiges Ergebnis mit der sogenannten klassischen Methode und gar kein richtiges Ergebnis mit der Methode Vehlow. Mit den verschiedenen Häusermethoden war kein richtiges Ergebnis zu erzielen. Die gleichen Feststellungen wurden auch bei den anderen Arbeitsaufgaben gemacht, von denen in unserer Zeitschrift bis Sommer 1967 allein 66 durchgeführt wurden, womit keine einzige Fachzeitschrift der Welt konkurrieren kann.

Betrachten wir nun Abb. 67. Im zweiten 90°-Kreis erkennt man die fälligen Direktionen, ganz außen sind die Transite bzw. die Geburtskonstellation des Kindes markiert. Neben der Häufung von Gestirnen im Zeichen Wassermann sind als wesentlich zu betrachten SA-45-NE und VE-135-PL. Im 90°-Kreis liegen die Faktoren genau gegenüber. Es ist dann VE v = SA = NE = PL v, woraus man den Schluß ziehen kann, daß die Ursache der Totgeburt in einer Erkrankung der Frau bzw. der weiblichen Organe zu suchen ist. Zu der genannten Konstellation steht nun in einem besonderen Verhältnis SA v = MA = NE v in VE/MA v. Die Verbindung SA v = MA findet man oft bei Todesfällen. Die Konstellation ist nicht ganz exakt, doch muß man das Zusammenspiel der verschiedenen Faktoren betrachten. Unter den Transiten bei der Totgeburt findet man auch die Auslösung der genannten Konstellationen durch JU lfd, MA lfd, UR lfd.

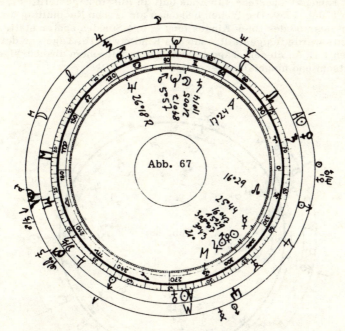

Totgeburt
Mutter geb. 6.2.1914 um 11 h in 50°44 n.Br./7°05 ö.L.
Totgeburt am 1.9.1939 um 3 h in 50°47 n.Br./6°05 ö.L.

MA v = MK würde man nicht mit der Totgeburt in Verbindung bringen, wenn nicht MK = MO/SA. Daraus ist auf eine Krankheit einer weiblichen Person in einem Krankenhaus zu schließen (KdG 384: Zusammensein mit kranken Personen). An dieser Stelle findet man außerdem SA lfd.

Für das Studium der Leser mögen die beiden anderen Geburten genannt werden: Mädchen geb. 28.9.1940 um 7 h Sommerzeit in 50°47' n.Br./6°05' ö.L. Knabe geb. 31.1.1950 um 3 h 25 m MEZ am gleichen Ort.

Anmerkung: Bei einer Untersuchung von 200 Totgeburten wurde festgestellt, daß die Halbsumme UR/NE besonders stark besetzt ist, in einzelnen Fällen sogar von mehreren Gestirnen. Im vorliegenden Beispiel befindet sich die Sonne des Kindes in UR/NE.

52. Beispiel: Über eine Totgeburt berichtete auch HERMANN MARTINI in der "Kosmobiologie", 16.J./August 1950. Die Mutter wurde am 5. Febr. 1929 um 4 h MEZ in 10°15'31" ö.L./51°31' n.Br. geboren. "Bei einer Anfang Mai 1950 erfolgten klinischen Untersuchung in Göttingen wurde die Geburt des Kindes frühestens für Ende Juli in Aussicht gestellt. Sie erfolgte aber am 9. Juni 1950. Die Wehen begannen am frühen Nachmittag dieses Tages, der Ausstoß des toten Kindes fand einige Stunden später statt. - Ärztlicherseits wurde festgestellt, daß das Kind etwa drei Tage vor der Geburt gestorben ist. An diesem Tage ist die Mutter auf einem abschüssigen Wege ausgerutscht und hingefallen."

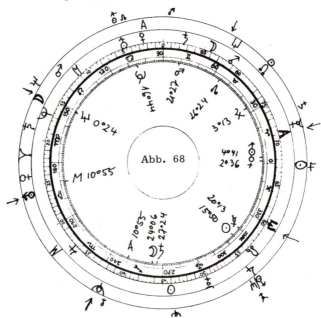

Totgeburt
Mutter geb. 5.2.1929 um 4 h in 10°15' ö.L./51°31' n.Br.
Totgeburt am 9.6.1950

Im Geburtsbild (Abb. 68) erkennen wir die für eine Mutter wenig angenehme Konjunktion von Mond und Saturn in Opposition zum Mars. Im 90°-Kreis erscheint das Planetenbild MO = MA/SA = PL/NE, das möglicherweise auf einen Todesfall hinweisen kann. Diese Konstellation wurde auch bei der Totgeburt ausgelöst, mit einem etwas größeren Orbis sogar in doppelter Form:

$$\begin{array}{lllll} \text{PL v} = & \text{MO} & \text{bzw.} & \text{MO/MA} = & \text{NE v} = & \text{NE/PL} \\ 8°16 & 24°06 & & 22°47 & 21°56 & 8°34 \\ 23°16 & & & & & 23°34 \end{array}$$

$$\begin{array}{lllll} \text{MO v} = & \text{MA/SA v} = & \text{NE} = & \text{PL} = & \text{NE lfd} \\ 15°38 & 15°57 & 0°24 & 16°44 & 14°40 \\ & 15°24 & & & \end{array}$$

MC v erreicht wieder UR/NE (Totgeburt) und UR/NE lfd deckt sich mit dem Meridian. JU v = MC konnte sich bei der Übermacht an negativen Konstellationen nicht auswirken.

UR v = AS bezeichnet einen Unfall (KdG 974) oder ein aufregendes Erlebnis in Verbindung mit MA/NE auf Grund einer plötzlichen Schwäche.

Beachtet man noch die Transite, so wird man feststellen, daß drei Tage zuvor MA in 28° Jungfrau im Quadrat zu SA = MA/UR (Trennung, Verletzung, Operation, Zerstörung) fällig war.

Unfälle - Verletzungen

53. Beispiel: Unter dem 12.8.1960 schrieb mir die bekannte Innsbrucker Schriftstellerin A. M. ACHENRAINER: "Gestern erhielt ich von einem guten Bekannten aus Paris folgende Nachricht: 'Leider hatte ich am 12. Juli bei Freiburg/Br. einen schweren Auto-Unfall, der mich fast das Leben

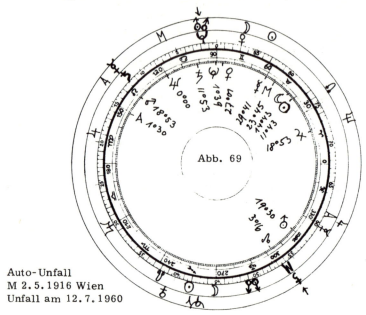

Abb. 69

Auto-Unfall
M 2.5.1916 Wien
Unfall am 12.7.1960

kostete: Brustprellung, eine Rippe gebrochen etc. Mein Wagen wird inzwischen repariert, vordere Hälfte eingedrückt. Fuhr mit der Bahn nach Paris, stand drei Wochen Schmerzen aus, konnte kaum liegen, kaum atmen - arbeitete.'

Dr. W. besuchte mich einige Tage vor seiner Abreise nach Paris. Bei dieser Gelegenheit sprachen wir über sein Kosmogramm. Anschließend meinte ich: 'Sie unterliegen bald größeren Spannungstendenzen und könnten möglicherweise zu Schaden kommen, wenn Sie sich nicht den kosmischen Gegebenheiten positiv anpassen. Diese Zeit ist für Sie wissenschaftlich erfolgreich - aber sie ist auch gleichzeitig eine Warnung, ein Wink zu äußerster Zurückhaltung. Fahren Sie also mit der Bahn nach Paris, das ist mein Rat.' - 'Wo denken Sie hin', sagte er erstaunt. 'Das behindert mich in allen Entschlüssen ...'".

Wenn man sieht (Abb. 69), daß der Unfall mit 44 Jahren bei einem Sonnenbogen von 42°17' stattgefunden hat, so wird man sofort nach den Faktoren suchen, die im 90°-Kreis dicht beieinander und gegenüber liegen. In diesem Alter lösen sich allgemein die Halb- und Anderthalbquadrate aus. Schon die Opposition von Mars und Uranus kann einmal im Leben einen schweren Unfall (oder auch eine Operation) zur Folge haben. Hier kommt noch der Pluto hinzu. Im vorgeschobenen Bild ist daher MA v = UR v = PL, also wirklich eine reine Unfalldirektion. Dazu kommen die allgemeinen Schwierigkeiten durch SA v = MC und ME v = SA. Andererseits hat der Mann während der Krankheit trotz der Schmerzen viel gearbeitet - er ist Forscher, Schriftsteller und Künstler -, so daß auch MO v = VE = SO und JU v = AS zu positiven Auslösungen führen konnten.

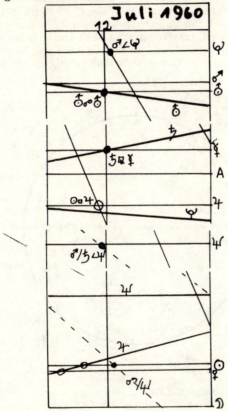

Abb. 70

Auto-Unfall

Betrachten wir in Abb. 70 die graphische 45°-Ephemeride mit den Positionslinien, so wird hier die Unfallkonstellation MA/UR durch den UR lfd und PL durch MA lfd ausgelöst. Der Direktion ME v = SA entspricht SA lfd = ME. In MA/SA lfd = NE liegen Lebensgefahr, in JU lfd = SO ein positiver Einfluß und in MA/NE lfd = SO Schwäche und Krankheit.

54. Beispiel: Einen **tödlichen Auto-Unfall** erlebte eine am 15. Januar 1921 um 5 h 30 MEZ in Celle geborene Frau am 20. April 1952 (epa-218). Sie fuhr bei Nacht in der Nähe von Hannover mit dem Auto auf einen britischen Panzer, der in den Straßengraben abgerutscht war und von britischen Soldaten abgeschleppt werden sollte. Es war kein Warnlicht aufgestellt. Die Frau war sofort tot. Der am 24.7.1916 um 12 h 30 m geborene Ehemann war schwer verletzt, kam aber mit dem Leben davon.

Mars und Uranus bilden mit einem Orbis von reichlich 4° eine Konjunktion. Es ist wahrscheinlich, daß diese Faktoren auch bei dem Unfall eine Rolle spielen. Der Sonnenbogen beträgt 31°43'. Dann kommt nicht nur MA v auf MC = ME v, sondern diese Faktoren stehen auch in UR/NE. Diese Halbsumme haben wir bereits bei den Totgeburten kennen gelernt. An der gleichen Stelle befinden sich auch die laufenden Planeten Saturn, Uranus und Merkur. Demnach wäre es wahrscheinlich - es handelt sich um ein unkorrigiertes Kosmogramm -, daß MC im Geburtsbild auf 10° Waage zu stehen kommt.

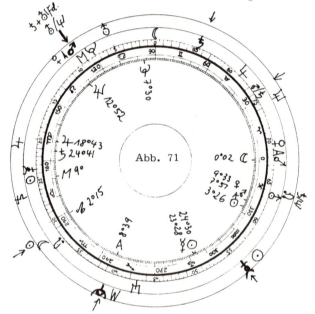

Abb. 71

Auto-Unfall
W 15.1.1921 um 5 h 30 Celle
Unfall am 20.4.1952

Es ergibt sich nach Abb. 71 folgende Zusammengestirnung:

UR lfd	SA lfd	ME lfd	MA v	ME v	MC
10°23	10°12	8°46	9°34	25°10	9° (10°)
				10°10	

- 82 -

Das bedeutet Bewußtlosigkeit, eigener Tod durch Fehlleitung von Energie
(MC = UR/NE) auf Reisen (ME = UR/NE).

PL v = SA entspricht einer gegen sich selbst (MC) gerichteten Gewalt.

Flugzeug-Absturz
M 30.7.1916 um 4 h in Essen
Unfall am 25./26.7.1959

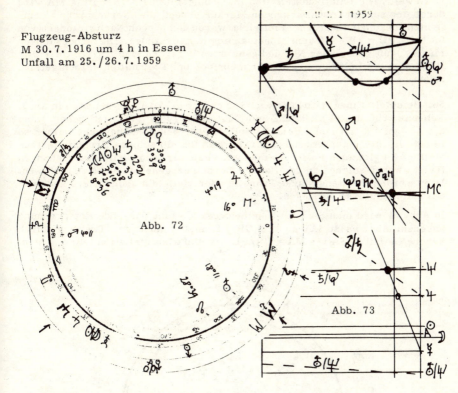

Abb. 72

Abb. 73

55. **Beispiel**: Der bekannte Konzertsänger WILHELM STRIENZ sandte uns
für "epa" die Daten von einem Film-Architekten, der am 30. Juli 1916 um
4 h MEZ in Essen geboren wurde und am 25./26. Juli 1959 tödlich abstürzte.

Bei der Betrachtung von Abb. 72 fällt auf, daß das MC wahrscheinlich etwas
verschoben werden muß auf 17°50' Widder. Dafür ergeben sich dann drei
verschiedene Bestätigungen. MC 2 v fällt mit MA/SA zusammen und entspricht dem eigenen (MC) Tod (MA/SA). SA v liegt dann im 90°-Kreis genau
MC 2 gegenüber, und zwar in den Halbsummen MA/NE (schwach sein, krank
sein, Fehlschläge) = NE/PL (dunkle Ahnungen, Kräfteverfall). Durch MO v
= NE = UR/MC ist die Machtlosigkeit gegenüber den Elementen angedeutet.

In Abb. 73 ist die kosmische Situation anhand der graphischen Ephemeride
wiedergegeben. Hier ergibt sich wieder die Bestätigung des gefundenen MC

durch die Verbindung mit dem PL lfd und mit MA lfd. Das bedeutet also, daß die mundane Konjunktion von MA = PL mit dem MC zusammenfällt, d. h. "außergewöhnlichen Kräften machtlos gegenüberstehen, Gefahr durch höhere Gewalt". Die Unfallkonstellation im Geburtsbild UR = VE = PL = MA wird durch den scheinbar stillstehenden Merkur erregt, die "Nervenprobe" konnte nicht bestanden werden. Vielleicht waren auch noch Nachwirkungen von SA lfd = PL = VE = UR vom Monatsanfang her vorhanden. Die "Todesachse" MA/SA läuft genau über NE, und ganz unten begegnen sich UR/NE lfd = UR/NE r, also die Halbsumme, die wir mehrfach bei Todesfällen kennen gelernt haben.

56. Beispiel: Einen tödlichen Sturz vom Pferde erlebte ein am 5. Februar 1906 um 14 h 30 MEZ in 51°20' n. Br./6°34' ö. L. geborener Mann am 7. Juni 1931. Dieses Beispiel soll zeigen, daß es keineswegs immer so leicht ist, die entsprechenden Direktionen für ein solches Ereignis festzustellen. Es gibt auch Fälle, wo man gar keine direktionalen Entsprechungen findet, wobei solche "an den Haaren herbeigezogene" ausscheiden müssen. Dann werden meistens starke Transite oder vielleicht auch andere noch unbekannte Einflüsse vorliegen.

In Abb. 74 wird man SA v = VE keineswegs als eine passende Entsprechung ansehen. Aber es ist SA v auch in UR/PL mit der Aussage: "Trennung durch höhere Gewalt". SA v = MA = UR/PL als Unfallkonstellation ist noch nicht

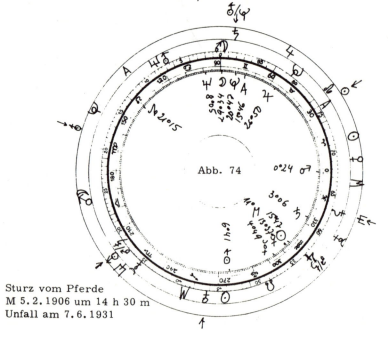

Sturz vom Pferde
M 5.2.1906 um 14 h 30 m
Unfall am 7.6.1931

fällig. UR v = AS ist überschritten. Da aber die Geburtszeit nicht korrigiert ist, bleibt durchaus die Möglichkeit, daß die Geburt wenige Minuten später erfolgt ist. Wir erkennen aber gleichzeitig, daß UR v in MA/SA steht, was einem Unfall oder auch plötzlichem Tod entspricht. Einen raschen Tod erkennt man auch in MA/SA v = JU = AS v.

Zieht man die Transite noch heran, so ist UR lfd = NE lfd = SA = SO/PL =. ME/MA = MO/ME, woraus man auf eine plötzliche Trennung (UR = SA), Krankheit (NE = SA), plötzliche Untergrabung der Gesundheit (NE = SO/PL), Gefahr einer Katastrophe (UR = ME/MA), Fehlleitung der Energie (NE = MO/MA), plötzliche Aufregung (UR = MO/ME) schließen kann.

57. Beispiel: Es gibt Tage, an denen liegen Unfälle gewissermaßen "in der Luft", weil entsprechende Tageskonstellationen fällig sind. Wenn diese nun mit bestimmten Punkten einzelner Geburtsbilder in Verbindung treten, ist die Möglichkeit gegeben, daß die betreffenden Personen dann einen Unfall erleiden. Eine solche Gruppe von Unfällen innerhalb weniger Tage hat GEORG HOFFMANN in der "Kosmobiologie", 17. J./Febr. 1951, untersucht. In den letzten Tages des Juni 1950 traten Mars und Uranus in ihrem Lauf ins Quadrat.

Eine am 27. Juli 1887 um 20 h 30 m in 11°35' ö. L. /51°32' n. Br. geborene Frau erlebte einen Unfall durch ein Lastauto, bei dem während des Fahrens eine Felge absprang, die die Frau traf, den linken Unterschenkel zertrümmerte, eine Fraktur des Oberschenkels verursachte, den Bauch

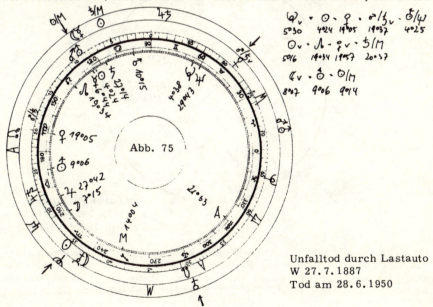

Abb. 75

Unfalltod durch Lastauto
W 27. 7. 1887
Tod am 28. 6. 1950

aufriß, den Dickdarm zerriß und auch noch eine Kopfwunde hervorrief. Trotz sofortiger Hilfe trat am 2. Juli um 8 h 40 der Tod infolge Herz- und Kreislaufinsuffizienz ein.

Im Kosmogramm (Abb. 75) ist durch MA -90- UR = SO/MC eine Neigung zu Unfällen gegeben. Außerdem stehen MO und ME in MA/PL = UR/PL, was wieder auf Unfälle oder Verletzungen hinweist. Als nun beide Unfallkonstellationen sich direktional näherten durch MO v = UR, MA, ergab sich die Auslösung. Zu der Fälligkeit der Direktion fehlt 1°, aber auch bei Direktionen bewährt sich die Regel, daß Auslösungen im Umkreis bis zu einem Grad möglich sind. Eine zweite Direktion, die ebenfalls nicht ganz exakt ist, ergibt sich aus PL v = SO = VE = MA/SA v, was man als die Möglichkeit eines gewaltsamen (PL) Todes (MA/SA) der Frau (SO-VE) ansehen kann.

Wie aus Abb. 78 hervorgeht, befindet sich die laufende Unfall-Konstellation in Beziehung zu MK und AS. Ferner ist NE lfd = NE r und SA lfd = JU, SA.

58. Beispiel: Ein Mann, geboren am 24. November 1927 um 14 h 45 m in 11°35' ö. L. /51°32'n.Br., erlitt am 24.Juni 1950 V e r b r e n n u n g e n durch eine Schlagwetter-Explosion. Der Tod trat am 25. 6. um 5 h durch Herz- und Kreislaufinsuffizienz ein.

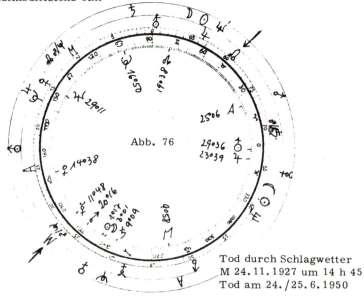

Tod durch Schlagwetter
M 24.11.1927 um 14 h 45
Tod am 24./25.6.1950

Im Geburtsbild (Abb. 76) ist die Möglichkeit eines plötzlichen Todes gegeben durch SA = MA/UR = AS. Es kann auch höhere Gewalt in eine Arbeitsgemeinschaft eingreifen durch MK = MA/PL. Diese Grundkonstellationen werden teilweise ausgelöst. Über MK = MA/PL = SA/UR geht MC v hinweg mit der Aussage: "Außergewöhnlichen Kräften machtlos gegenüberstehen, Gefahr durch höhere Gewalt". Man hätte allerdings erwarten können, daß sich JU v = PL im positiven Sinn bemerkbar machen würde.

In Abb. 78 wird der Mars des Geburtsbildes von der laufenden Mars-Uranus-Verbindung getroffen. MC = UR/NE bestätigt sich wieder als eine Todeskonstellation. Dazu kommen noch NE = NE lfd, AS = UR/PL lfd, JU = MA/SA lfd (schneller Tod), UR = SA/NE lfd (plötzliche Erkrankung).

59. Beispiel: Einen tragischen Unfall erlebte ein junges Mädchen, geb. 7. Juli 1932 um 4 h 45 m in 11°35' ö.L./51°32' n.Br., am 30. Juni 1950 um 10 h. Die **Native** wollte, mit einem Korb voll Blumen auf dem Fahrrad, einem auf der Straße parkenden Lastwagen ausweichen. Ein entgegenkommendes Auto streifte ihren Korb. Dabei kam sie so unglücklich zu Fall, daß das Hinterrad des Autos ihr den Kopf zerquetschte.

Unfallmöglichkeiten sind im Geburtsbild (Abb. 77) gegeben durch PL und AS im Quadrat zum UR in MA/NE (gewaltsame Schädigung, Tod). Diese Konstellationen werden auch direktional ausgelöst durch MA/SA v = UR = MA/NE, woraus man auf einen plötzlichen (UR) Tod (MA/UR) durch gewaltsame Schädigung (MA/NE) schließen kann. Außerdem ist NE v gerade über MC = MO/UR = ME gegangen und SO v nähert sich SA. Nach Abb. 78 fällt MA/SA mit der Unfallkonstellation MA/UR lfd zusammen (Unfalltod), MO = UR/NE lfd (Tod einer Frau), SO = NE lfd = SA/PL (Lebensgefahr), MA = UR/PL lfd (Unfall), MC = MA/SA lfd (Tod).

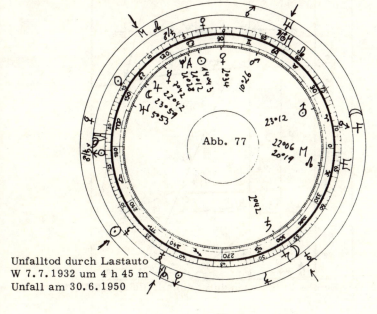

Unfalltod durch Lastauto
W 7.7.1932 um 4 h 45 m
Unfall am 30.6.1950

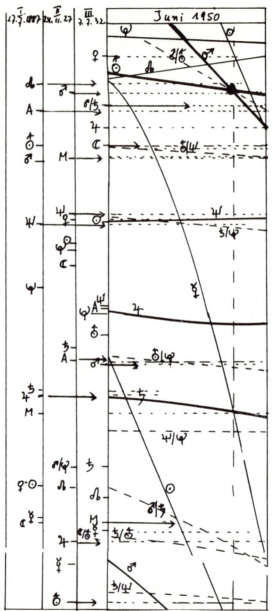

Abb. 78 Zu den Todesfällen durch Unfall, Beispiele 57, 58, 59

Krankheiten und Operationen

Die meisten Krankheiten sind im Geburtsbild verankert, aber es wird nicht immer möglich sein, die Art der Erkrankung anzugeben. Die Krankheitsdiagnose muß also immer dem Arzt überlassen bleiben. Aufgabe der Kosmobiologie ist es, einem zu erwartenden Krankheitszustand vorzubeugen, Höhepunkte der Krisen zu erkennen, für besondere Behandlungen bestimmte Konstellationen auszunutzen, die Möglichkeit von Rückfällen zu erkennen und diesen vorzubeugen, kosmisch günstige Operationszeiten zu berechnen, sofern nicht sofortige Maßnahmen ergriffen werden müssen. Viele Krankheiten sind zwar durch Vererbung und Umwelt mitbestimmt, aber sie lassen sich in ihrer Auswirkung mindestens mildern.

60. Beispiel: Für eine frühzeitige Zuckerkrankheit, die bei einem Mädchen bereits mit neun Jahren ausbrach, tragen die Eltern die Schuld. Die Krankheit kam zum Ausbruch, als das Kind alle Mühe aufbrachte, um die Eltern zu versöhnen und deren Trennung zu verhindern. Das Mädchen ist klug, hübsch, geistig sehr rege. Aber es weiß, daß es einmal besser keine Kinder bekommen sollte, falls es überhaupt heiratet. Die Erziehung ist durch die Hoffnungslosigkeit auf eine völlige Gesundung sehr schwer. Das Mädchen findet zunächst einen Ausgleich im Reitsport.

Im Geburtsbild (Abb. 79) weist NE im Quadrat zu 18° Krebs, das nach den "Anatomischen Entsprechungen der Tierkreisgrade" der Bauchspeicheldrüse entsprechen soll, auf die Anlage zu einer Diabetes hin, die aber nicht ausgelöst werden muß. In vielen Kosmogrammen finden sich Krankheitsanla-

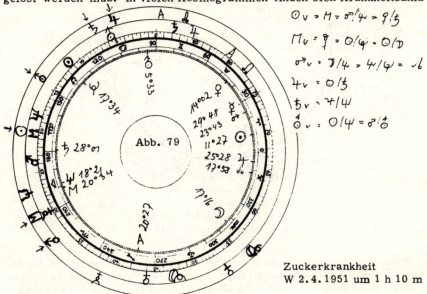

Zuckerkrankheit
W 2.4.1951 um 1 h 10 m

gen, die keineswegs zum Ausbruch kommen, weil keine äußeren Umstände (falsche Ernährung, unnatürliche Lebensweise usw.) mitsprechen. NE = SO/MA deutet an sich eine Empfänglichkeit für Krankheiten an. Es ist auch wahrscheinlich, daß SO v = NE bereits zwei Jahre früher dem Anlaß zur späteren Erkrankung entsprochen hat. Die Krankheit wurde erst erkannt, als SO v = MC = MA/NE fällig war. In dieses Bild fällt auch VE/SA hinein, wodurch der Hinweis auf eine Drüsenerkrankung (Bauchspeicheldrüse) gegeben wird. MC v = ME hat anscheinend nichts mit der Krankheit zu tun, aber in SO/PL = SO/MO liegt die Möglichkeit einer Krise auf Grund seelischer Erlebnisse (Zerwürfnis der Eltern). MA v = MK = MO/NE = NE/PL deutet auf Empfänglichkeit für Krankheiten, Mangel an Widerstandskraft des Körpers, um einen Schaden zu beheben. JU v = SO/SA ist als Entwicklungshemmung zu bezeichnen. SA v = JU/NE enthält die Aussage: Sich vom Glück verlassen fühlen. UR v = SO/NE = MA/UR bezeichnet eine plötzlich auftretende Krankheit und Verletzungen (Spritzen, Schocks usw.).

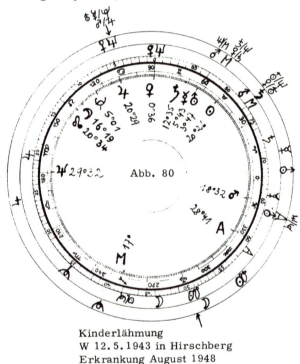

Kinderlähmung
W 12.5.1943 in Hirschberg
Erkrankung August 1948

61. **Beispiel:** Im Septemberheft der "Kosmobiologie" 1959 wurde in der 25. Arbeitsaufgabe die schwierige Frage gestellt, welche von zwei Zwillingsschwestern an Kinderlähmung (Poliomyelitis) im August 1948 erkrank-

te. Die Kinder wurden am 12. Mai 1943, um 1 h 45 und 2 h, in Hirschberg/ Schlesien, geboren. Die Aufgabe wurde von 12 Teilnehmern richtig gelöst, daß die Erstgeborene erkrankt ist. Diese Lösung war nur mit Hilfe der Direktionen möglich. Voraussetzung aber war auch die genaue Angabe der Geburtszeit, da die Stellung des MC von ausschlaggebender Bedeutung ist. Es differiert in beiden Geburten nur um reichlich 3° (17° und 20° Schütze).

Berechnen wir die Sonnenbogen-Direktionen für das Alter von 5 Jahren, so ist SA v = MC annähernd MA = UR/NE, was als Mangel an Widerstandskraft und Neigung zu Lähmungserscheinungen aufzufassen ist. SA v hemmt selbständige (MC) Muskelbewegungen (MA). MC v kommt in die bekannte "Krankheitsachse" SA/NE und in VE/SA. MA v = NE/MC verhindert den rechten Gebrauch der Glieder. NE v = SO = MA/JU = ME/PL = UR/PL schwächt (NE) die Lebenskraft (SO), mindert eine erfolgreiche Tätigkeit, führt zu nervöser Empfindlichkeit (ME/PL) und Ermattung (UR/PL).

62. Beispiel: E. MODERSOHN sandte uns seinerzeit das Beispiel einer "unvorschriftsmäßigen Erkrankung", weil der Fall einer Blinddarm-Operation nicht den in den früheren Lehrbüchern angegebenen Regeln entsprach. Ich habe ebenfalls immer wieder darauf hingewiesen, daß man sich auf die Überlieferungen nicht verlassen kann. Man muß sich immer auf die am meisten gesicherten Faktoren stützen, und das sind eben nur die Gestirne und ihre gegenseitigen Winkel- und Halbsummenbeziehungen. (Siehe auch "Kosmobiologie", 26. J./Febr. 1960).

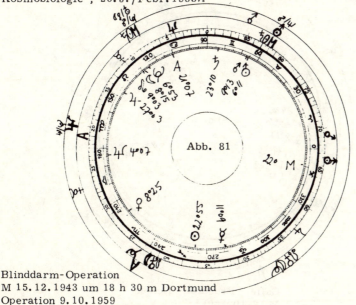

Abb. 81

Blinddarm-Operation
M 15.12.1943 um 18 h 30 m Dortmund
Operation 9.10.1959

Der junge Mann, der am 9. Oktober 1959 am Blinddarm operiert werden mußte, wurde am 15. Dezember 1943 in Dortmund um 18 h 30 m MEZ geboren. In Abb. 81 ist als ein Hemmungsfaktor, der auch mit einer Krankheit zusammenhängen kann, SO-180-SA-90MC bzw. MC = SO/SA zu erkennen. Im 90°-Kreis liegen dem genannten Komplex VE, MO, PL gegenüber. Das gesamte Planetenbild befindet sich in MA/NE. Diese Halbsumme ist für Infektionen und Eiterungen maßgebend (KdG 722). Die Erkrankung wurde nun ausgelöst, als UR v = AS v = MC = SO = SA = MO = VE = PL = MA/NE fällig wurde. Für die Operation ist bezeichnend, daß die "Operationsachse" MA/UR v 23°42' SA überschritten hatte. In der gleichen Achse stand auch NE lfd. Für den "Eingriff" ist auch maßgebend MC v = SO v = SA v = MA/PL. Aus den verschiedenen Konstellationen konnte man auf eine Krankheit, eine Operation und vielleicht auch eine Infektion oder einen Eiterherd schließen.

Der junge Mann erlebte im Juli 1955 eine Mandeloperation. Auch in diesem Falle kann man einen Infektionsherd leicht erkennen, wenn man den Komplex MC v = SO v = SA v um 4° (= 4 Jahre) zurückschiebt, dann kommt der Komplex auf den Neptun. Da gleichzeitig der Komplex VE v = MO v = PL v gegenüber liegt, könnte man auch auf eine Drüsenerkrankung schliessen, da die Verbindung von VE = SA = PL auf das Drüsensystem hinweist.

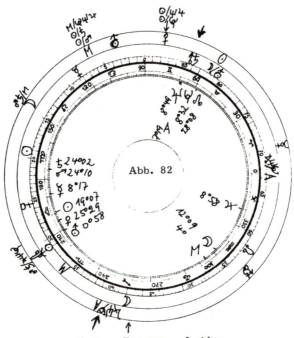

Galle - Prostata - Leiden
M 12.10.1891
Operation 22.10.1953

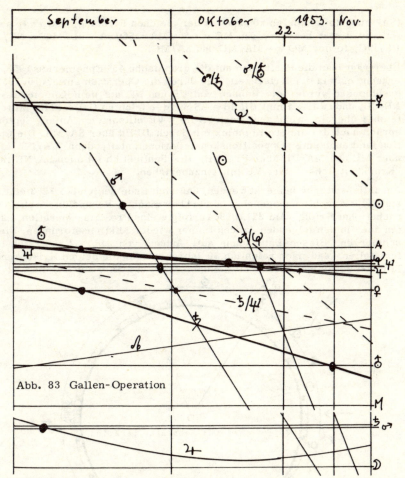

Abb. 83 Gallen-Operation

63. Beispiel: Ein Leser unserer Zeitschrift "Kosmobiologie" übermittelte uns seine Geburtsdaten (12.10.1891) und seine Krankengeschichte. Er hatte im September 1953 eine leichte Gallenkolik, am 17. Oktober eine schwere Gallenkolik, mußte am 19. Oktober ins Krankenhaus, wurde am 22. Oktober 1953 operiert, wobei 100 Gallensteine entfernt wurden.

Im Kosmogramm (Abb. 82) sind im 90°-Kreis zwei kritische Konstellationen vorhanden, die enge Konjunktion MA-SA und der Komplex AS, PL, NE, JU. Bei einem Sonnenbogen von 62°18' kommen nun die beiden Konstellationen gegenüber zu stehen. Dadurch ist die Gefahr einer schwereren Krankheit vorhanden, die bei der Entzündung (MA) und Verhärtung bzw. Steinbildung

(SA) eine Rolle spielen können. In der gleichen Richtung, und zwar auf den Nativen direkt bezogen, ist MC v = SO/MA = SO/SA = JU/MC = NE/MC = PL/MC, ferner MO v = MA/MC und SA/MC.

Überträgt man die Positionen auf die graphische 45°-Ephemeride 1953, so erkennt man in der Krisenzeit, die durch die Operation am 22.10.1953 abgeschlossen wurde, die Bahnen von UR und NE auf dem Komplex AS-PL-NE-JU, und zwar stimmt UR lfd = AS mit der leichten Gallenkolik Mitte September überein, wozu auch noch SA lfd = VE mitspricht. Anfang September sprach auch der andere Komplex mit durch JU lfd über SA/MA. Die Operation fand auch unter Oppositionskonstellationen statt, denn MA/UR lfd ging über ME und MA/PL über PL, NE, JU. Schließlich ist auch SA/NE lfd als "Krankheitsachse" über VE mit einzubeziehen.

Anschließend muß bemerkt werden, daß sich Ende September 1963 eine Prostatahypertrophie unangenehm bemerkbar machte, Behandlungen blieben zunächst ohne Erfolg. Am 22.1.1964 erfolgte eine Prostata-Operation, es traten aber in den folgenden Jahren immer wieder Miktionsstörungen, Nierenschmerzen, Blasen-Entzündung auf. Anhand von Abb. 82 läßt sich leicht feststellen, daß nach reichlich 10 Jahren wieder die beiden Krisenkonstellationen zusammenfallen, es kommen MA v und SA v auf AS, PL, NE, JU.

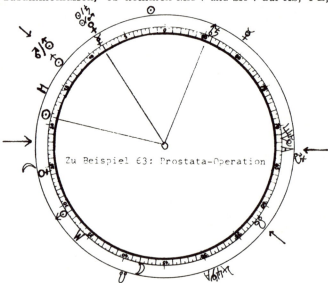

Zu Beispiel 63: Prostata-Operation

64. Beispiel: Die Unterlagen für den Fall einer Lungentuberkulose lieferte der bewährte langjährige Mitarbeiter unserer Zeitschrift, GEORG HOFFMANN: Die am 23. Januar 1917 geborene Frau, die es als Verwaltungsangestellte bis zum Range eines Oberregierungsrates brachte, erfuhr bei der Untersuchung zur Aufnahme in eine Verwaltungsakademie im Sommer 1950, daß sich Schatten auf der Lunge zeigten, die von einer älteren aktiven Tbc herrührten, aber verkalkt waren. Es wurde aber angeordnet, daß sie sich alle halben Jahre dem Arzt vorzustellen habe. Als sie im Sommer 1953 zur Erholung in einem Badeort war, fühlte sie sich schlapp, nahm ab, hatte Nachtschweiß und als sie im November den Beratungsarzt aufsuchte, wurde sie krank geschrieben und ihr ab Dezember eine halbjährige Kur verordnet. Ende Juni 1954 wurde sie als "gebessert" entlassen, denn "geheilt" gibt es bei Tbc nicht. Außerdem wurde ihr nahegelegt, die verantwortliche und unregelmäßige Tätigkeit niederzulegen und einen "Schonposten" anzunehmen. Im Jahre 1966 wurde sie aus den Kontrollen entlassen und hat nur noch an der jährlichen Durchleuchtung teilzunehmen.

In Abb. 84 ist eine gewisse Schwäche und Krankheitsveranlagung gegeben durch die Konjunktion von Sonne und Mond (Neumond) in Opposition zum Neptun. (Man wird selten zur Zeit des Neumondes geborene Menschen finden, die vollkommen gesund sind und nicht in irgendeiner Hinsicht anfällig sind.) Das Quadrat von Jupiter und Saturn kann auf einen "Organdefekt (z.B. Kaverne bei der Tuberkulose), chronischen Krankheitszustand" (KdG 782) hinweisen, wenn diese Konstellation mit "persönlichen Punkten" verbunden ist. Denn eine JU-SA-Verbindung haben schließlich viele Menschen. Im 90°-Kreis erkennt man aber - auch ohne Rechenscheibe - JU = SA = SO/MC = NE/MC

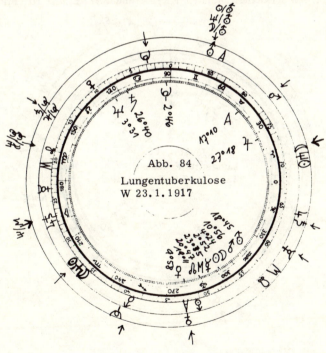

Abb. 84
Lungentuberkulose
W 23.1.1917

= MO/MC. Außerdem steht der Komplex SO-NE-MO in MA/JU. In einer anderen Gruppierung JU = MA/NE ist nach KdG 727 die Möglichkeit einer Lungenkrankheit vorhanden. Hier handelt es sich um Konstellationen, die wirklich eine Krankheitsrichtung angeben und die sich bereits in vielen Fällen und statistischen Untersuchungen bestätigt haben (siehe u. a. epa-92).

Wie in zahlreichen Untersuchungen kann man hier wieder feststellen, daß sich die maßgebenden Konstellationen direktional gegenseitig auslösen. MO v = NE v = SO v sieht man gegenüber SA = JU = SO/MC = NE/MC. Weiterhin ist fällig UR v = PL v = MA = MO/UR = NE/UR = SO/UR, dann JU v = SA v = MK = MO/PL = NE/PL. Wenn bei den Krankheitsdirektionen der MK mitspricht, so handelt es sich meistens um eine "Krankheit gemeinsam mit anderen Personen", d. h. Aufenthalt in einem Krankenhaus oder einer Kuranstalt.

GEORG HOFFMANN hatte bei seiner bekannten guten Vorarbeit auch das heliozentrische Kosmogramm mitgeliefert, das sich gerade in vielen Krankheitsfällen bewährt. Man wird erstaunt sein, hier die Formel für Lungenkrankheit in der bekannten Form zu finden: JU = MA/NE, wie in der KdG unter 727 angegeben. Außerdem sieht man NE = ER in der Mitte der "Lungenplaneten" JU/SA. Wie Abb. 85 zeigt, ergeben sich heliozentrisch noch stärkere Direktionen MA v = JU = MA/NE und UR v = PL v = MA/NE, ferner JU v in den Krankheitsachsen ER/SA und SA/NE und NE mit ER in MA/PL.

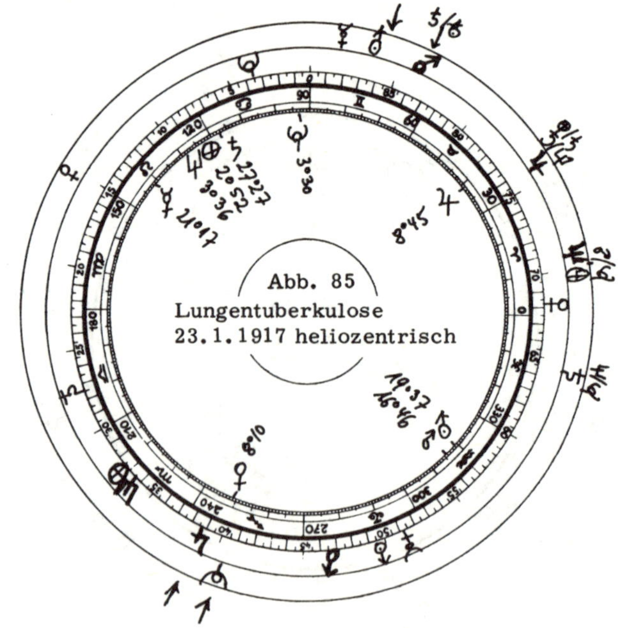

Abb. 85
Lungentuberkulose
23.1.1917 heliozentrisch

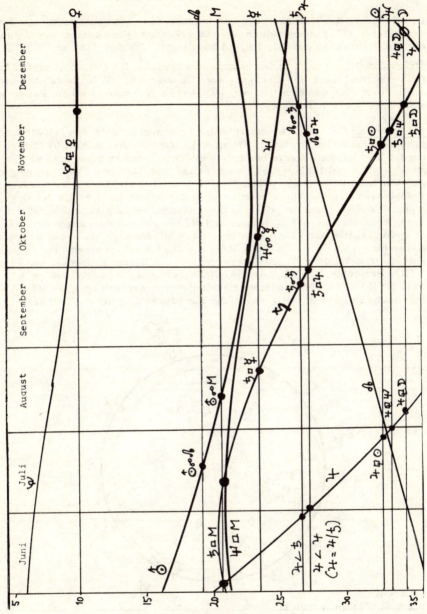

Abb. 86 Lungentuberkulose
64. Beispiel

Den Ausbruch der Krankheit der Zeit entsprechend kann man deutlich in der graphischen 45°-Ephemeride in Abb. 86 erkennen. Hier konzentrieren sich die Planetenbahnen von UR, NE, SA auf das MC von Juni 1953 an.

MC r = SA/NE lfd heißt in der kosmischen Sprache: Ich (MC) bin krank (SA/NE). Es folgt dann der Übergang von SA über SA, JU im September und schließlich über den Komplex SO, NE, MO im November, wo die Patientin sofort krank geschrieben wurde.

65. Beispiel: Ein am 9. Oktober 1898 um 4 h 30 m in 50°36' n. Br. /17°02' ö. L. geborener Mann litt im März 1932 an einer Nierenkolik. In Abb. 87 fällt zunächst NE = MC auf. Hierzu berichtet der Native, daß er beruflich - als Beamter - sehr viel Enttäuschungen erlebt und mehrfach unter Verleumdungen gelitten hat. Bekanntlich gehen fast 70 % aller Krankheiten auf seelische Belastungen zurück. Diese rufen dann an der schwächsten Stelle des Organismus Beschwerden hervor. Unter dieser Voraussetzung wird es nicht wundern, wenn die Nierenkolik des Jahres 1932 bei einem Sonnenbogen von 33°21' ausgelöst wurde, als VE v = UR v über NE = MC hinwegging, wobei auch die Halbsummen VE/MA = VE/JU = MA/UR = JU/UR mitsprechen. Die Venus entspricht dabei dem Drüsensystem an sich, den Nieren insbesondere. PL v = MO v erreichte JU = VE/SA = SA/UR. Nebenbei sei erwähnt, daß im März 1932 NE lfd = MA/JU (Minderwertigkeitsgefühle, Fehlschläge), SA lfd = MO (seelische Belastung) fällig waren und die Erkrankung mit auslösten.

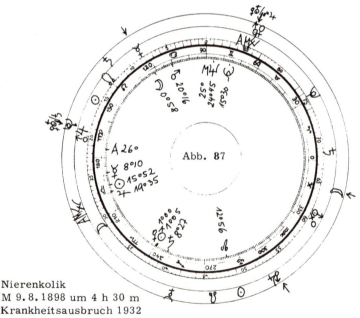

Nierenkolik
M 9.8.1898 um 4 h 30 m
Krankheitsausbruch 1932

Die Nierenkolik wiederholte sich im April 1951, der Patient kam am 2. Mai ins Krankenhaus. Wie Abb. 88 zeigt, erreichte hier MO v = PL v den gleichen Komplex NE = MC = AS, SO v = SA bezeichnet eine körperliche Krankheit und SA v = MO eine seelische Belastung. ME v = UR = VE = SO löst wieder eine Nierenkonstellation aus.

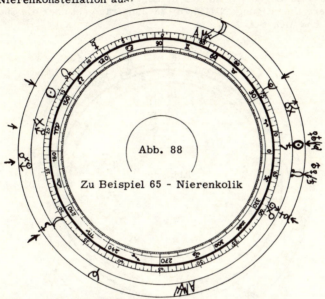

Abb. 88

Zu Beispiel 65 - Nierenkolik

66. **Beispiel:** In der "Kosmobiologie", 25. J./Nov. 1958, führte HANS STÖSSEL einen Fall von multipler Sklerose vor. Das Geburtsbild (Abb. 89) betrifft eine am 13. März 1903 um 12 h 30 m in Hamburg geborene Frau, deren Ehemann an der gleichen Krankheit litt und 1938 verstorben ist. Wahrscheinlich hat sich die Native im Alter von 35 Jahren infiziert. In dem Geburtsbild steht dem Komplex MO, SO, MC im 90°-Kreis der Saturn gegenüber. Diese Stelle wurde auch um das 35. Lebensjahr ausgelöst. NE v erreichte hier SA = MO = SO = MC. Die Medizin sagt zur Multiplen Sklerose: "Sie ist eine in den meisten Fällen zwischen dem 20. und 40. Lebensjahr auftretende Erkrankung des Zentralnervensystems. Auf ungeklärte Weise werden die fetthaltigen Nervenumhüllungen für immer zerstört und eine Art Austrocknungs- und Verhärtungsprozeß findet statt. Neben Störungen der Muskeltätigkeit treten Störungen der Tiefensensibilität, unsicherer Gang, Zittern der Hände und zuweilen Geistesschwäche auf. Die Behandlung steckt noch in den Kinderschuhen." Dadurch wird nicht nur die genannte Konstellation bestätigt (SA = Verhärtung, Austrocknung, MC = SO = MO = Störungen der gesamten Persönlichkeit), sondern die Lähmungserscheinungen dürften auch im Zusammenhang stehen mit UR = MO/NE. Diese Konstellation hat

die Native mit einem am 14.8.1913 geborenen Mann (epa-175) gemeinsam, der ebenfalls an dieser Krankheit litt. Im Direktionsring kann man erkennen, daß sich UR v gegenüber PL nähert und damit auch MO/NE v = SO/NE v = NE/MC v. Schlagen wir in der Ephemeride für 1938 nach, so finden wir eine weitere Bestätigung: NE lfd 18°-23° Jungfrau geht über die Spanne zwischen PL und MO, SO, MC.

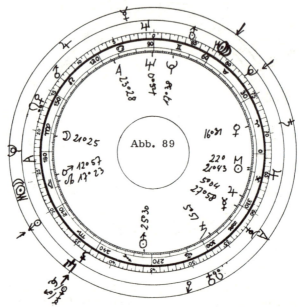

Multiple Sklerose
W 13.3.1903 um 12 h 30 m in Hamburg

67. Beispiel: Nach dem Zweiten Weltkrieg wurden die sog. Antibiotika geradezu als Wundermittel bezeichnet. Erfolge waren auch unverkennbar. Aber mit diesen Mitteln, z.B. Penicillin, wurden auch die Abwehrstoffe im Körper vernichtet, und nur wenige Ärzte gaben ihren Patienten den Rat, die Darmflora sofort wieder in Gang zu setzen. Der 3. Internationale Vitalstoff- und Ernährungskonvent in Stuttgart 1957 warnte daher vor übermäßigem Gebrauch antibiotischer Heilmittel und empfahl den jungen Ärzten, sich mehr mit der klassischen Therapie zu beschäftigen. Einen Fall von falscher Anwendung von Penicillin stellt unser Beispiel dar. Es handelt sich um eine Frau, die am 25. Februar 1890 um 23 h in der Nähe von Würzburg geboren wurde. Aus ihrem sehr ausführlichen Bericht entnehmen wir folgendes: Am 18. Januar 1957 erkrankte sie in der Nacht, hatte 38,5 Fieber, heftige Schmerzen im Rücken. Der Arzt nahm eine Gallenkolik an, aber die Frau hatte keinerlei Schmerzen im Leib. Sie glaubte vielmehr an eine Vergiftung, da sie eine gespritzte Zitrone zu sich genommen hatte. Das Fieber ließ nach drei Tagen nach, am 28. Januar setzte eine heftige Grippe ein, merkwürdigerweise bei niederer Temperatur. Die Patientin schwitzte drei Tage lang. Dann kamen Darmstörungen hinzu, die wahrscheinlich durch eine falsche Dosis von Abführmitteln verschlimmert wurden. Nach einigen Wochen war ein solcher Erschöpfungszustand eingetreten, daß die Frau ins Krankenhaus eingeliefert werden mußte. Hier erhielt sie in kurzer Zeit 20 Spritzen Penicillin und 4 Spritzen Streptomicin. Das Schwitzen wurde immer stärker, die Haare mußten abgeschnitten werden, weil sie sonst gar nicht mehr trockneten. Es folgten Hals- und Lungenentzündung, zur Linderung wurden weitere Spritzen verabreicht, es kam zu weiteren Schweißausbrüchen, wie sie früher nie aufgetreten waren. Da die Frau in früheren Jahren nur homöopathisch behandelt worden war, dürften die zahlreichen Spritzen besonders stark gewirkt haben, und der Körper reagierte durch Schweißausbruch.

Betrachten wir nun die Geburtskonstellation (Abb. 90). Der kundige Leser wird im 90°-Kreis sehr rasch die wesentlichen Konstellationen erkennen: MO = SA = MA/NE. Aus der KdG 724/728 kann man entnehmen, daß hier eine Gefahr von Infektion vorliegt, daß sich Giftstoffe im Körper befinden können, daß eine anhaltende Schwäche oder Krankheit eintreten kann. NE = SA/PL bringt ebenfalls die Gefahr durch Gifte mit sich, NE = MO/PL entspricht einer Überempfindlichkeit und MA/PL = NE irgendwelchen Schädigungen. Diese Grundkonstellation wurde nun durch ME v ausgelöst.

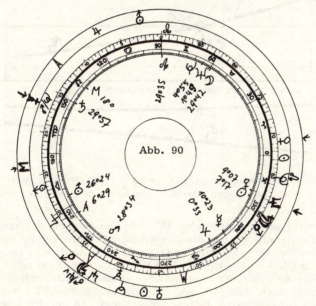

Penicillin-Krankheit

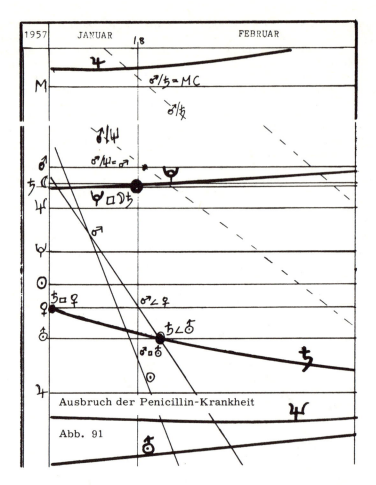

Ausbruch der Penicillin-Krankheit

Abb. 91

Die vorgeschobene Konstellation MO v = SA v = MA/NE v kommt auf AS = UR/MC, was einen schwachen oder kranken Menschen in seiner Umwelt bezeichnet.

Der Ausschnitt aus der graphischen 45°-Ephemeride (Abb. 91) zeigt wie in vielen anderen Beispielen, daß die direktionalen Bewegungen mit den laufenden Gestirnen übereinstimmen. Der laufende Pluto bleibt hier lange Zeit in Verbindung mit MO = SA = MA/NE. Die KdG spricht hier von einer "gewaltsamen Schädigung". Im letzten Drittel des Januar geht außerdem die Halbsumme MA/NE über MA, MO, SA, NE hinweg. SA lfd = VE entspricht einer gestörten Drüsenfunktion (Mandelentzündung), SA-45-UR kennzeichnet die plötzliche Schwere der Erkrankung, und SA lfd mit NE lfd nehmen JU in die Mitte und laufen auf diesen zu, JU = SA/NE entspricht der aufgetretenen Lungenentzündung. Man muß sich nun den weiteren Verlauf der Planetenbahnen vorstellen: PL ist rückläufig, kehrt also wieder auf MO = SA zurück; SA, NE und UR gehen auf JU zu. Aus der Gesamtkonstellation ist also die Schwere der Erkrankung durchaus erkennbar.

68. Beispiel: Der Brief einer am 16. April 1886 um 16 h in einem Ort der Steiermark geborenen Frau zeugt von Wahnvorstellungen. Im März 1960 berichtete sie u. a.: "Ich leide seit 3 Jahren an einer geheimnisvollen Krankheit, kein Mensch kann mir helfen. In dem Buch "Der lebendige Gott" von BO YN RA heißt es: 'Von vielen werden nur unsichtbare Schmarotzerkräfte angezogen. Diese Kräfte des unsichtbaren Teils der Welt sind durchaus nicht ohne Bewußtsein, doch sind sie nur dunkel und traumhaft ihrer selbst bewußt. Dein Untergang bereitet ihnen gleiche Lust wie dein Erstarken, wenn sie sich nur immer durch dich selbst bestätigt finden können. Wehe dem Menschen, den diese Wesen besitzen. Wenn er nicht selbst sie von sich abschütteln kann, wird er Sklave ihrer Triebe werden, sie richten ihn qualvoll zugrunde.' Angefangen hat es so, daß ich im Halbdunkel Männer durch Fenster und Wände einsteigen sah, sie hielten eine Versammlung ab, dann verschwanden sie wieder oder lösten sich auf. Mich ließen sie in Ruhe. Vor zwei Jahren war ich schwer gefallen, hatte viel Blutverlust, war längere Zeit im Krankenhaus, die eine Hüfte ist kaputt, das eine Bein etwa 9 cm kürzer, ich gehe sogar im Zimmer mit dem Stock, auf die Straße kann ich gar nicht mehr. Seit dieser Zeit spürte ich ein oder zwei Jungen um mich herum, ein Tier wie eine Maus kroch an meinem Körper hoch. Die Tiere verwandelten sich nachts oft in Skorpione auf der linken Seite, beim Kommen und Gehen stachen sie mich in die offene Wunde am Fuß. Seit längerer Zeit spüre ich bei Tag und bei Nacht große Raupen an mir heraufkriechen, die wollen in die Scheide. Am Kopf und dem oberen Körperteil kommen massenhaft kleine Wesen, wie ein i-Punkt so groß, die entziehen mir die ganze Kraft. Ich leide furchtbar. Nervenstärkende Tabletten und Gebete frommer Menschen haben mir zeitweise eine Erleichterung gebracht. Vorigen Sommer war ich ganz frei, freute mich aber zu früh. Vor zwei Jahren war ich in der hiesigen Nervenklinik zur Beobachtung, mußte aber wieder fort, kein Arzt konnte mir helfen. Ich habe den katholischen Geistlichen um Hilfe gebeten, bekam aber keine Antwort, sie halten mich wahrscheinlich für wahnsinnig ..."

Die Frau hat seit 1921 ein steifes Bein (SOv = PL), hatte zu ihrem Lebensunterhalt in großen Gaststätten Kartoffeln geschält, wurde 1943 total ausgebombt und lebte nur von einer kleinen Rente. Sie kommt sich wahrscheinlich wie "ausgestoßen" vor aus der Gesellschaft und hat doch auch eine menschliche Seele.

Man wird sich zunächst fragen, ob das Kosmogramm (Abb. 92) hierauf überhaupt eine Antwort gibt. Man wird nicht erwarten können, daß hier eine minutengenaue Direktion fällig ist, sondern es laufen hier verschiedene Direktionen ineinander. Bei der Untersuchung muß man in solchen Fällen von gegenwärtigen Konstellationen ausgehen, die dann ganz klar auf die maßgebenden Grundkonstellationen hinleiten. Die Direktionen sind für das Jahr 1957 und das Alter von 71 Jahren bei einem Sonnenbogen von 68°20' berechnet. Das MC findet man bald bestätigt, denn PL v = MC und MC v = PL. Im Geburtsbild ist PL = VE/NE mit der Aussage: Erotische Verirrungen aus starker Liebessehnsucht ohne Erfüllung, tragische Liebe, schmerzliche Entsagung. MC v an dieser Stelle besagt: Liebesschwärmerei, träumerisches Wesen, sich in Illusionen verlieren. SA v = VE = SO kennzeichnet wieder das starke Unbefriedigtsein, zumal SO v = VE v = UR = SO/VE den Wunsch nach körperlicher Liebe hervorrufen. NE v = VE/MC entspricht wieder einem Zustand, in dem sich der Mensch unbefriedigt und unglücklich fühlt. MA v = VE/PL v (starke Sinnlichkeit) = MO = UR/MC = SA/AS = SA/MC bezeichnet wieder die unbefriedigte, unglückliche, niedergedrückte Frau. Die "Krankheit" dieser Frau hätte vielleicht dadurch geheilt werden können, wenn sie in einer mehr liebevollen Umgebung auch etwas Verständnis gefunden hätte.

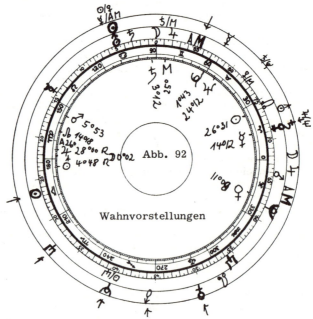

Abb. 92

Wahnvorstellungen

69. Beispiel: In einem Zustand einer starken Depression unternahm die spätere Fernsehansagerin PETRA KRAUSE im Alter von 21 Jahren am 17. Febr. 1961 einen Selbstmordversuch, indem sie sich aus dem Fenster stürzte. Sie kam mit dem Leben davon, blieb aber für immer an den Rollstuhl gefesselt. Da keine Geburtszeit bekannt ist, fehlen uns die persönlichen Punkte.

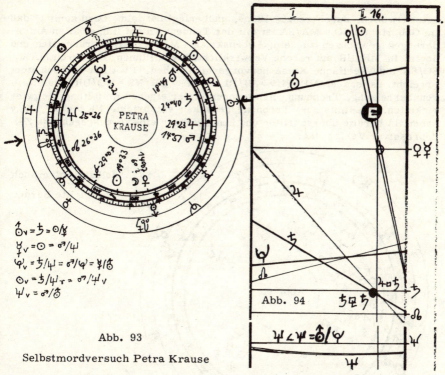

$\overset{\wedge}{\odot}v = \hbar = O/\xi$
$\xi v = \odot = \sigma^{\!\!\!/}/\!\!\!{\rm H}$
$\varphi v = \hbar/{\rm H} = \sigma^{\!\!\!/}/\varphi = {\rm H}/\hbar$
$\odot v = \hbar/{\rm H}\, r = \sigma^{\!\!\!/}/{\rm H}\, v$
${\rm H}\, v = \sigma^{\!\!\!/}/\hbar$

Abb. 93

Selbstmordversuch Petra Krause

Trotzdem ist die Lebenskrise zu erkennen (Abb. 93) durch UR v -45- SA = SO/ME, was auf starke innere Spannungen (UR-SA) hinweist, die zu einem plötzlichen Einfall führen (UR = SO/ME), in einer pessimistischen Einstellung Abschied zu nehmen (SA = SO/ME). In diese Zeit fallen auch weitere Konstellationen: ME v = SO = MA/NE (Gefahr der Untergrabung der Gesundheit), PL v = SA/NE = MA/PL = ME/UR (schwere seelische Bedrückung, schwere Krankheit durch Verletzung, Unfall als Folge einer Nervenüberreizung), SO v = SA/NE = MA/NE v (Schwäche, Krankheit, Lähmung), NE v = MA/UR (tragischer Unfall).

Wie aus Abb. 94 hervorgeht, wird die Direktione UR v = SA ausgelöst durch SA lfd = JU lfd = SA neben NE lfd = NE = UR/PL.

70. Beispiel: Die französische Filmschauspielerin BRIGITTE BARDOT, geboren am 28.9.1934 um 13 h 20 m SZ in Paris, unternahm am 29. Sept. 1960 einen Selbstmordversuch. Sie befand sich damals in einer beruflichen Umstellung und einer persönlichen Krise. In Abb. 95 erkennt man auf den ersten Blick SO v = UR = AS = MA/MC mit der Aussage: sich durch-

setzen wollen, durchkreuzte Pläne, unüberlegt handeln. Dazu kommt, daß im Geburtsbild SO = MA/SA ist mit der Tendenz, nicht immer allen Anforderungen gewachsen zu sein, Lebenskrise. MA hat NE überschritten und deutet in ME/UR auf rasche Verwirklichung von Plänen, die durch MA v = SO/SA eine seelische Krise hervorgerufen haben. PL v hat SA noch nicht erreicht, es ist aber ME/PL v = JU/PL v = SA = UR/NE = MO/UR, was Nervenüberreizung, Trennung, Hemmungen in der eigenen Entfaltung, Schwierigkeiten, Pessimismus, Trennungsgedanken entspricht. NE v und MO v haben SA bereits überschritten und kennzeichnen eine vorausgegangene Zei depressiver Verfassung.

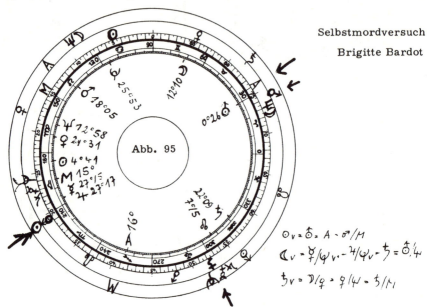

Selbstmordversuch
Brigitte Bardot

In einer Studie über BRIGITTE BARDOT in der "Kosmobiologie", 27. J. Dezember 1960, wurden im Anschluß an die Besprechung des Selbstmordversuches Vergleiche zu ähnlichen Vorfällen gezogen:

    epa 219,   Geburt 12.1.1899, Selbstmord 4.7.1946:
                                MC = MA/SA v = SO r

    epa-419,   Geburt 6.4.1909, Selbstmord 1948:
                                  UR = MA/SA v = SO v

    Brigitte Bardot:
                                  UR r = MA/SA v = SO v

In Abb. 96 zeigt das graphische Bild nochmals die Bedeutung der Halbsumme MA/SA auf, denn es ist hier fällig:

MA lfd = SO = MA/SA
und
SO lfd = SA,

nachdem in der Zeit zuvor UR lfd über MA, SO und SA, SA lfd über MC und NE lfd über MK gegangen sind. Positiv ist nur JU lfd = VE einige Wochen zuvor.

Als Ergebnis aus diesen Beispielen muß auch herausgestellt werden, daß solche Perioden der Depression, in denen die Neigung besteht, das Leben wegzuwerfen, im voraus erkennbar sind, und daß dadurch auch die Möglichkeit gegeben ist, jeweils das Schlimmste zu verhüten.

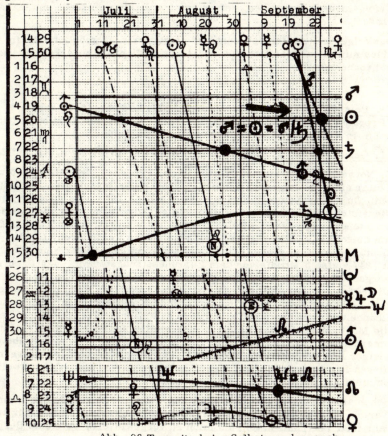

Abb. 96 Transite beim Selbstmordversuch

Erfolge und Fehlschläge

Die wichtigsten Fragen für die meisten Menschen sind: Wie komme ich im Leben vorwärts? - Wann habe ich Erfolg? - Wann habe ich Glück? - Vergessen wird aber meist die Frage: Wann besteht die Gefahr von Fehlschlägen oder eines Niedergangs? Denn: Wer hoch zu stehen wähnt, ist seinem Falle nahe! (Wieland) Da im kosmischen Geburtsbild das ganze Leben in vielen Einzelheiten enthalten ist, sollte man stets das Auf und Ab bedenken.

Man sollte bei der Untersuchung von Lebensbildern hinsichtlich des Aufstieges und des Erfolges jeweils von den Fällen ausgehen, in denen ein Mensch aus bescheidenen Anfängen oder einem einfachen sozialen Milieu heraus emporsteigt. Wer durch Familie und Erbe eine große Rolle spielt, ist nicht als Erfolgsmensch anzusehen, sofern er nicht Besitz, Ansehen und Macht vergrößert.

Das folgende Beispiel soll zunächst zeigen, wie es möglich ist, im Leben eines mittleren Beamten eine Aufstiegsmöglichkeit zu erkennen und auch wahrzunehmen.

71. Beispiel: In der "Kosmobiologie", 17. J./Febr. 1951, führte H.E. die "Prognose einer Berufsveränderung" vor. Soweit der Text wörtlich übernommen werden wird, steht er innerhalb von Anführungszeichen.

"1. Geburtsdaten: 22. Mai 1904 um 18.45 Uhr in 51°25' n. Br. / 7°45' ö. L.

2. Notwendige Hinweise und Anlaß zu der Prognose: Im Jahre 1946 war ich Leiter einer mittelgroßen Eisenbahndienststelle (Inspektorstelle) in Westfalen. Zu dieser Zeit erfuhr ich, daß am 1.12.1947 eine größere Nachbardienststelle (Oberinspektorstelle) infolge Zurruhesetzung des derzeitigen Vorstehers neu besetzt werden mußte. Ich faßte sofort den Entschluß, mich um diese Stelle zu bewerben, weil eine solche Veränderung für die weitere Gestaltung meiner dienstlichen Laufbahn von großer Bedeutung war. Im Juli 1947 - also 5 Monate vor dem Zurruhesetzungstermin - legte ich meiner vorgesetzten Behörde einen schriftlichen Antrag auf Übertragung dieses Dienstpostens vor. (Anm.: Es ist außerordentlich wichtig zu wissen, daß man nicht erst dann, wenn entsprechende Konstellationen fällig sind, eine Chance wahrzunehmen sucht, sondern daß man rechtzeitig beginnt, sich auf die Möglichkeiten eines Erfolges einzustellen und entsprechende Schritte zu unternehmen. RE) Nach einiger Zeit hörte ich, daß noch eine Reihe gleichartiger Anträge anderer - zum Teil sehr aussichtsreicher - Bewerber für diesen Posten vorlagen. Bei dieser Sachlage war es also höchst zweifelhaft, ob mein Antrag Aussicht auf Erfolg haben würde.

Schon im Herbst 1946 - also über ein Jahr vor dem in Frage kommenden Termin - erstellte ich mein Direktionskosmogramm für das 44. Lebensjahr (Mai 1947/Mai 1948), um mich zu vergewissern, ob meine Bestrebungen im Einklang mit dem Kosmos standen.

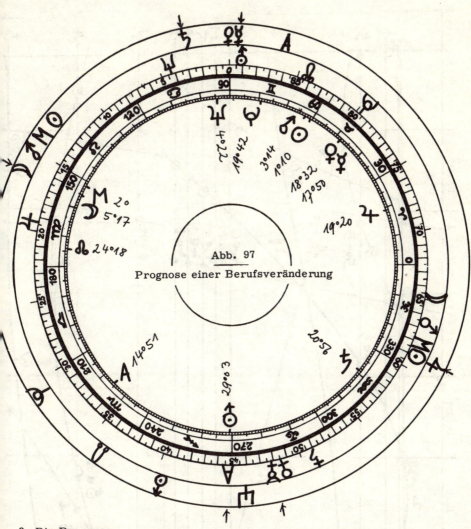

Abb. 97
Prognose einer Berufsveränderung

3. Die Prognose:

Berechnung des Sonnenbogens für das 44. Lebensjahr. Der 44. Tag nach der Geburt (entsprechend dem 44. Lebensjahr) ist der 5. Juli 1904.

Sonne am 5.7.1904	=	102°59'35"
Sonne am 22.5.1904	=	60°56'31"
Sonnenbogen für das 44. Lebensjahr	=	42°03'04"

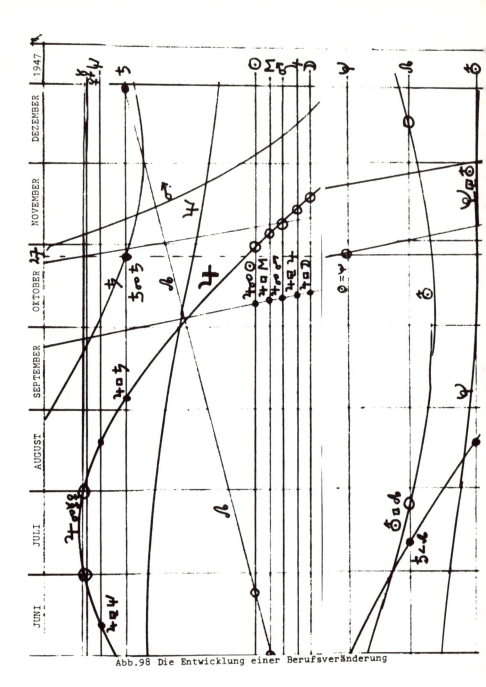
Abb.98 Die Entwicklung einer Berufsveränderung

Da der genaue Termin (1.12.1947) innerhalb des 44. Lebensjahres bekannt war, konnte der Sonnenbogen für diesen Termin genau berechnet werden. Für jeden vorstehend zuviel einbezogenen Monat (vom 1.2.47 bis 22.5.48 sind rund 6 Monate) sind 5 Minuten, insgesamt also 6 mal 5' = 30' abzuziehen. Somit beträgt der genaue Sonnenbogen 41°33'04". Das um diesen Sonnenbogen vorgeschobene Kosmogramm enthält nun im einzelnen folgende Direktionen:

AS v = UR/MK r : Andere Personen treten plötzlich in den Kreis der Umwelt ein; neue Bekanntschaften.

AS v = NE/PL r : In eine eigenartige (hier: neuartige, andersgelagerte) Umwelt hineingestellt sein.

AS v = MA/JU r : In die Umwelt erfolgreich eingreifen.

AS r = SA/AS v : Sich absondern, sich trennen (hier: von der bisherigen Arbeitsstelle und den bisherigen Mitarbeitern).

SO v = MO/SA r : Trennung.

SO r = MO/MA v : Wohlstand erzielen (hier: höher bewerteter Dienstposten).

SO r = SA/PL v : Körperliche Trennung.

MO v -45- MC r : Berufswendung.

PL v -60- SO r : Plötzlicher Aufstieg im Leben, sich als Führernatur durchsetzen, neue Ideen verwirklichen.

UR v = SO/JU r : Plötzliche Wendung, plötzlicher Erfolg.

UR v = JU/MC r : Plötzliche Erfolge, Anerkennung, glückliche Lebensumstellung.

SA v -60- MA r : Veränderungen anstreben.

SA v -45- ME r : Trennungsgedanken, Abschied nehmen.

SA r = SO/ME v : An Trennung denken, Abschied.

JU r = SA/MK v : Glückliche Trennung von einem Betrieb, Stellungswechsel.

JU v -0- SO r : Aufstieg im Leben, Anerkennung, Erfolge.

MA v -120- AS r : Sich Erfolge erzwingen.

MA v -144- SA r : Mit Gewalt sein Ziel erreichen wollen, Veränderungen erstreben.

.5. Angewandte Methode:

Zu der vorliegenden Prognose wurde die kombinierte Methode EBERTIN angewandt. Das Heraussuchen der einzelnen Direktionen erfolgte mit dem 90°-Arbeitsgerät. Zur Ausdeutung wurden die KdG und die Deutungskombinationen in dem Buch "Vorschau durch Direktionen" von REINHOLD EBERTIN benutzt."

ME v -180 - UR r: Einfluß auf andere Menschen erlangen, Neuerungen machen, Lebenswendung.

ME v -135- AS r : Mit anderen Menschen zusammenkommen, Bekanntschaften machen.

ME v = JU/SA r : Eine Verbindung gern aufheben.

(Anm.: In dieser Zusammenstellung sind noch die 60°-, 120°- und 144°-Winkel mit einbezogen, während ich heute vornehmlich auf die durch 45° teilbaren Winkel Wert lege. - RE)

Zusammenfassend konnte das in meiner damaligen Lage nur heißen: Durch eine Versetzung von der bisherigen zu einer neuen Arbeitsstelle erfolgt eine Trennung von den bisherigen Mitarbeitern und Kennenlernen neuer Arbeitskameraden. Es wird eine Lebenswendung beruflicher Art erzielt, die sich in günstiger Art für den Nativen auswirkt. - So habe ich denn auch damals keine Minute daran gezweifelt, daß die gewünschte Veränderung im Berufsleben zur gegebenen Zeit eintreten würde, weil ich klar sah, daß die Zeit für meine Bestrebung - kosmisch gesehen - absolut günstig war, ja, kaum günstiger sein konnte. Daher lautete meine schon im Herbst 1946 aufgestellte und wiederholt meinen Familienangehörigen und einigen älteren Mitarbeitern der damaligen Dienststelle mitgeteilte

Prognose:

Die Bewerbung um den erstrebten Dienstposten wird Erfolg haben, d.h. die Ende nächsten Jahres freiwerdende Vorsteherstelle am anderen Dienstort wird mir übertragen werden.

4. Die Bestätigung der Prognose:

Noch ehe der Termin (1.12.1947) herangerückt war, erhielt ich völlig unerwartet von meiner vorgesetzten Behörde den Auftrag, die Leitung der neuen Stelle wegen plötzlich eingetretener Erkrankung des bisherigen Leiters schon zum 27.10.1947 entgültig zu übernehmen.

Es kam also so, wie es für den Kosmobiologen nicht anders zu erwarten war, denn gerade in diesem Lebensjahre waren die kosmischen Voraussetzungen für ein Gelingen meiner Bestrebungen denkbar günstig. Weder für das vorige (43.) noch für das nächste (45.) Lebensjahr hätte ich die obengenannte Prognose stellen können, weil die Direktionen für diese Zeit in keiner Weise auf ein derartiges Ereignis hinweisen.

Mag es sich auch bei diesem aus dem praktischen Leben herausgegriffenen Fall nur um einen kleinen Ausschnitt aus dem Schicksal eines Einzelmenschen handeln, so gilt auch hier das Wort GOETHEs:

> So ists denn wieder, wie die Sterne wollten,
> Bedingung und Gesetz und aller Wille
> Ist nur ein Wollen, weil wir eben sollten,
> Und vor dem Willen schweigt die Willkür stille.

Anmerkungen zu dieser Arbeit: Hinter der Bezeichnung H. E. steht nach meiner Erinnerung Herr H. EMMERLING, der mehrfach wertvolle Beiträge für unsere Zeitschrift geliefert hat, aber wohl seiner Dienststelle wegen damals nicht seinen vollen Namen nennen wollte. Die vorgeführte Untersuchung wurde einwandfrei und methodisch richtig geführt, so daß daran nichts auszusetzen ist.

Nach heutigen Erkenntnissen würde ich die Arbeit durch Erfassung der "Schwerpunkte" abkürzen. In Abb. 97 erkennt man zwei solcher markanten Punkte. JU v = SO = MC = MO bedeutet Anerkennung und persönlicher Erfolg. Me v = UR = AS entspricht einer Veränderung, einer Lebenswende, einem Wechsel der Umwelt. Sa v = ME = SA/AS deutet wieder auf eine Trennung hin. Man könnte also aus diesen sofort erfaßbaren Konstellationen auf einen besonderen Erfolg schließen, der mit einem Ortswechsel oder einer Trennung verbunden ist. Wenn man nun die Lage des Nativen einbezieht, daß er Beamter ist, daß er auf eine Beförderung oder Besserstellung hinarbeitet, daß eine solche Möglichkeit durch das Freiwerden einer solchen Stellung möglich ist, dann gehört nur noch der eigene Wille dazu, um das gewünschte Ziel zu erreichen. Wenn die wesentlichen Punkte erfaßt sind, dann ist es selbstverständlich noch angebracht, in der oben gezeigten Methode ganz systematisch alle Konstellationen auszuwerten. Hierbei sollte man auch in Betracht ziehen, daß sich um das 45. Lebensjahr meistens eine Wende im Leben vollzieht, vielfach nach einem Aufstieg zu, oft aber auch zu einem Abstieg, wie einzelne Beispiele immer wieder zeigen.

Im Jahre 1947 brachten wir seinerzeit die erste graphische 45°-Ephemeride heraus, sie wurde nur im Pauschverfahren hergestellt. Abb. 98 zeigt nun den Ausschnitt aus der graphischen Ephemeride mit den übertragenen Positionen. Man beachte hierbei, daß unterhalb der Mitte ein Teil herausgenommen wurde, in dem sich keine wesentlichen Konstellationen befinden, um die graphische Darstellung auf einer Seite wiedergeben zu können. Gaben die Sonnenbogen-Direktionen einen Ausblick auf das Jahr, so sind jetzt weitere Einzelheiten erkennbar. (Eine Verfälschung dieser graphischen Darstellungen ist nicht möglich, so daß niemand sagen kann, dieses Schaubild wäre erst nachträglich "zurechtgemacht".)

Der Berichterstatter sagte, daß er fünf Monate vor der Möglichkeit einer Versetzung und Beförderung den schriftlichen Antrag an seine Dienstbehörde einreichte. Im Juli sehen wir den JU lfd in seinem scheinbaren Stillstand in Verbindung mit ME und VE. Es konnte also angenommen werden, daß das Schriftstück (ME) Erfolg (JU) hat. UR lfd und SA lfd = MK deutet die Absicht von Trennungen und Anknüpfung neuer Verbindungen an. Die Stellung sollte zum 1.12.1947 angetreten werden, doch wurde sie bereits am 27.10.1947 frei. Nun betrachte man die "Perlenschnur" guter Jupitertransite, die genau Ende Oktober einsetzt und durch SO lfd = PL ausgelöst wurde. Skeptiker, die immer noch an die alte Lehre von "bösen" Quadraten und Oppositionen glauben, werden gleichzeitig eines Besseren belehrt, denn JU lfd steht nacheinander in solchen "harten" Winkeln zu SO, MC, MA, JU, MO. Dabei erinnern wir uns, daß wir zuerst die wichtige Direktion JU v = SO erkannt haben, die auch durch JU lfd ausgelöst wird. Den anderen wesentlichen Direktionen ME v = UR = AS gibt dagegen PL lfd = UR die notwendige "Stoßkraft". Auf diese überzeugende Zusammenschau von Direktionen und Transiten sollte man also nicht verzichten. - Nach dieser ausführlichen Betrachtung sollen nun weitere Beispiele in Kurzfassung folgen.

72. Beispiel: Der ehemalige Box-Weltmeister MAX SCHMELING, der nach Angabe seiner Mutter am 28. September 1905 um 10 h 50 m in Hamburg geboren wurde, erboxte sich 1926 den Titel als Deutscher Meister, 1927 als Europameister und am 19. 6. 1930 als Weltmeister. Die erfolgreiche Karriere begann also 1926 mit einem Sonnenbogen von 20°45'. Ein Blick auf Abb. 99 läßt sofort MC v = SO als die Konstellation erkennen, die ihm das Bewußtsein gab, auf dem richtigen Wege zu sein und JU v = MO = MA/UR = ME/UR = SO/PL = SO/MA entspricht dem Publikumserfolg (JU = MO) und dem materiellen Gewinn, der eigenen Durchsetzungskraft (JU = SO/PL), der körperlichen Leistung (JU = SO/MA), dem Erfolg im Wettkampf (JU = MA/UR) - siehe KdG 715 -, dem richtigen Erfassen der Lage und seiner Schlagfertigkeit (JU = ME/UR). UR v = JU kennzeichnet den plötzlichen Erfolg, MA/PL v = MK die Rekordleistung (KdG 743).

Als SCHMELING im Jahre 1948 im Alter von 43 Jahren zwei große Kämpfe verlor, trat er für immer aus dem Ring. Die kosmischen Entsprechungen sind charakteristisch: SA v -90- NE und MC v = MA/SA. SCHMELING hatte sich aber auch ein Vermögen zusammengeboxt, er widmete sich ab 1933

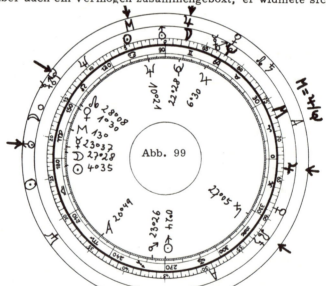

Max Schmeling wird Deutscher Boxmeister

zunächst der Landwirtschaft (Pelztierfarm, Geflügel, Karpfenteiche), eröffnete 1957 eine Getränkeindustrie und erwarb mehrere Coca-Cola-Fabriken. Als Erfolgskonstellation betrachte man im Geburtsbild MC = JU/PL und PL = MA = ME = SO/MC.

73. Beispiel: Der Boxmeister GUSTAV SCHOLZ, "Bubi Scholz" genannt, wurde am 12. April 1930 um 8 h 15 m in Berlin geboren. Er wurde am 4.10. 1958 Europameister. Zu unserer Überraschung erkennen wir (Abb. 100) als maßgebende Konstellation SO v = MC (bei SCHMELING MC v = SO), = MA/PL als Zeichen ungewöhnlicher körperlicher Leistung bei gleichzeitiger Steigerung des Selbstbewußtseins, MC v = ME = MK = MA/JU als Erfolgskonstellation, in der aber auch Umsicht, Weitblick, erfolgreiches Denken und Handeln mitspricht, MA v = PL = SO/UR als ein Planetenbild besonderer Kraftleistung (MA = PL), wobei auch körperliches Erleiden (PL = SO/UR) nicht zu umgehen ist. ME v = NE = JU/MC ist nicht als direkt ungünstig zu bezeichnen (NE!), sondern es liegt darin die Hoffnung (NE) auf Erfolg (JU/MC), die den Kampfesgeist stärkt.

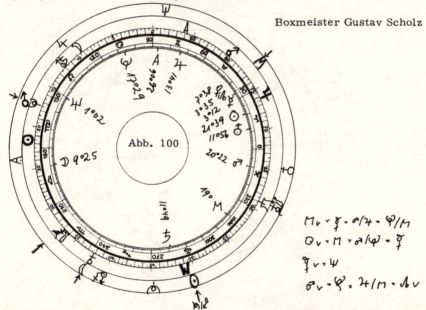

Boxmeister Gustav Scholz

Abb. 100

Wie SCHMELING ist auch SCHOLZ durch seine Boxkämpfe ein reicher Mann, geworden, er besitzt mit seiner Frau in Berlin zwei Kosmetikgeschäfte und eine Villa im Grunewald. Bis 1962 hatte er ein Vermögen von 1,6 Millionen DM. Seine Gagen bewegen sich zwischen 17 500,-- und 40 000,-- DM. Man betrachte hierzu im Geburtsbild MC = SO/JU (Glück in eigenen Unternehmungen) = MA/PL (durch übermäßige körperliche Anstrengung).

74. Beispiel: Die "Eisprinzessin" MARIKA KILIUS, geb. 24. März 1943 um 0 h 10 m in Frankfurt (standesamtliche Zeit nach Mitteilung von Frau Dennemann, Frankfurt), erlebte im Paarkunstlauf mit JÜRGEN BÄUMLER ihren Höhepunkt im Jahre 1963. (Sommer 1957 Deutsche Juniorenmeisterin im Rollkunstlauf, mit NINGEL Dritte bei den Europameisterschafen in Wien, Wechsel zum neuen Partner JÜRGEN BÄUMLER, bei Deutschen Eislaufmeisterschaften 1958 erfolgreich, 1958 auf Rollschuhen Weltmeistertitel, 1959 mit BÄUMLER deutschen Paarlauftitel, ab 1958 fünfmal Europameisterschaften gewonnen, 1962 Versagen in Prag, am 28.3.1963 Weltmeistertitel vor dem russischen Paar, 1964 Übergang zur "Eisrevue" als Berufsläufer.) Der Höhepunkt 1963 war gekennzeichnet durch JU v = PL = JU/MK (Glück unter vielen Menschen), nachdem MC v = JU = UR = MA v = PL/MC (ungewöhnlicher Erfolg bei ungewöhnlicher Kraftanstrengung) gerade überschritten war. Die darauf folgenden Spannungen und Schwierigkeiten sind bereits angedeutet in SA v = MC = ME/NE = SO/ME (Abb. 101).

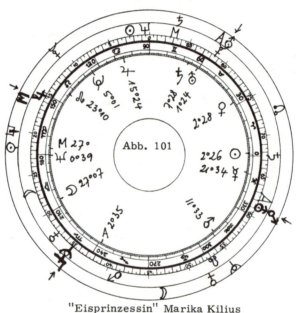

"Eisprinzessin" Marika Kilius

75. Beispiel: Wenn ein Paar gemeinsam einen großen Erfolg hat, muß man annehmen, daß bei beiden Partnern entsprechende Konstellationen vorhanden sind. JÜRGEN BÄUMLER, der Partner von MARIKA KILIUS, wurde am 28. Januar 1942 in Dachau bei München um 10 h geboren. Bei einem Sonnenbogen von reichlich 21° wird 1963 JU v = MC = SO/ME = SO/UR = ME/MA = MA/UR fällig (Abb. 102), mit dem Hinweis auf einen großen persönlichen Erfolg (JU = MC) im Wettkampf (MA/UR) unter großer Aufregung (SO/UR) durch Mut und Entschlossenheit (ME/MA). Die ungewöhnliche Kraftanstrengung gegenüber der russischen Konkurrenz spiegelt sich wieder in PL = UR = MA/MK = SO/MK als gemeinsame Rekordleistung (PL = MA/MK) durch aktive Zusammenarbeit (UR = MA/MK) mit dem Ziel, durch die eigene Leistung Einfluß auf die Masse zu gewinnen (PL = UR = SO/MK).

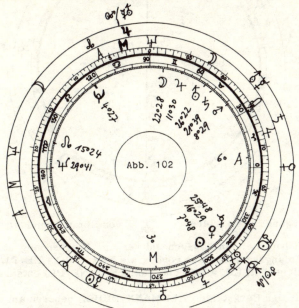

Jürgen Bäumler, der Partner von M. Kilius

76. Beispiel: Einen geradezu "plutonischen" Erfolg hatte in sehr jungen Jahren die Schauspielerin ROMY SCHNEIDER (siehe auch Beispiel 30). Die erfolgreiche Karriere begann im Sommer 1953, also im Alter von 15 Jahren, als sie die Chance erhielt, in dem Film "Wenn der weiße Flieder wieder blüht" mitzuwirken. Anschließend folgten weitere Erfolgsfilme "Feuerwerk", "Mädchenjahre einer Königin", "Die Deutschmeister" usw. Im Geburtsbild (Abb. 103) bildet die Venus mit Sonne und Mond im 90°-Kreis eine Achse, die mit einem Sonnenbogen von ca. 15° durch Pluto erreicht wurde. Man erinnere sich dabei, daß die Venus nicht nur ein Planet der Liebe sondern auch der Kunst ist. Daher ist die Venus auch bei Künstlern immer "stark" gestellt. Gleichzeitig näherte sich JU v dem MA = JU/AS = SO/MK = MO/MK um das Alter von 17 Jahren mit den Aussagen: Erfolge durch Verträge und im Beruf (MA = JU) in angenehmer Zusammenarbeit (JU/AS), um sich im öffentlichen Leben Anerkennung zu verschaffen (MA = JU = SO/MK) und neue Beziehungen anzuknüpfen (MC/MK). Um das Alter von 20 Jahren

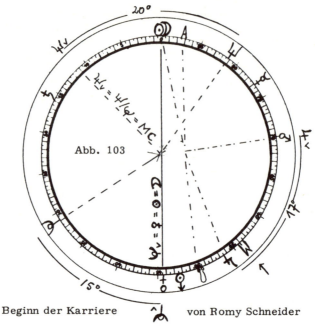

Beginn der Karriere von Romy Schneider

mußte die Schauspielerin dagegen schwer um Anerkennung kämpfen, die glanzvolle Anfangskarriere war vorbei, als NE v = MC = NE/PL fällig wurden und Unsicherheit (NE = MC) und Unklarheit (NE/PL) entsprachen.

77. Beispiel: Der Bergsteiger HERMANN BUHL, geboren am 21. September 1924 um 3 h 45 m in Innsbruck, hatte es sich zur Aufgabe gemacht, den 8125 m hohen NANGA PARBAT im Himalaya zu bezwingen. Das ist ihm auch am 3. Juli 1953 gelungen. PL -45- MC entspricht seinen Zielen, Ungewöhnliches zu wagen und große Leistungen zu vollbringen bei größten Schwierigkeiten, die durch SO/SA und MO/SA in der gleichen Achse angezeigt sind. MA-90- MC läßt erkennen, daß er durch Einsatz seiner Energie sein Ziel erreichen kann, aber MA = NE/MC bringt auch die Gefahr von Fehlschlägen mit sich. Große Erfolge können SO = MO = JU/PL = ME/PL entsprechen, womit eine weltweite Anerkennung (ME/PL) verbunden sein kann. VE in den gleichen Achsen zeigt die "Liebe zur Sache", die für große Leistungen notwendig ist, aber die Verbindung mit MA/SA kann auch in Lebensgefahr bringen. Diese Konstellationen wurden auch 1953 durch Direktionen ausgelöst. MC v und PL v = SO/SA v = MO/SA v erreichten SO = MO = JU/PL = ME/PL = VE = MA/SA (Abb. 104).

Die gemeinsame Leistung zusammen mit anderen Personen drückt sich in MK v = UR = SO/JU = MO/JU = SO/ME = MO/ME = MA/PL aus. Es war eine gemeinsame (MK) Rekordleistung (MA/PL), deren Erfolg (SO/JU) als ein großes Glück (MO/JU) angesehen werden konnte.

Betrachten wir einen Ausschnitt aus dem Jahresdiagramm 1953 (Abb. 105), so spiegelt sich die gemeinsame Rekordleistung wieder in PL = MK = SO/PL = MO/PL. Auch der Neptun hat hierbei eine unangenehme Bedeutung. Trotz der gemeinsamen, mit hohen Auszeichnungen anerkannten Leistung kam es zwischen HERMANN BUHL und dem Expeditionsleiter Dr. HERRLIGKOFFER zu bedauerlichen Zwistigkeiten, die bei der Besteigung ihren Anfang nahmen, aber nachher erst in aller Öffentlichkeit zum Ausbruch kamen. In den Tagen um den 3. Juli gehen SO, MA und VE über die Positionslinien von MC und PL und kennzeichnen damit die ungewöhnliche Anstrengung den Naturkräften gegenüber, wobei höhere Gewalt ständig das Unternehmen vereiteln konnte. Der Erfolg ist angezeigt durch JU lfd = JU = ME = SO/MC = MO/MC, wobei das Vertrauen zu sich selbst, Zielsicherheit und Erfolgsstreben gleichzeitig mitwirkten. MK lfd = UR = MA/PL = MO/JU entspricht der aus gleichen Elementen bestehenden Direktion MK v = UR.

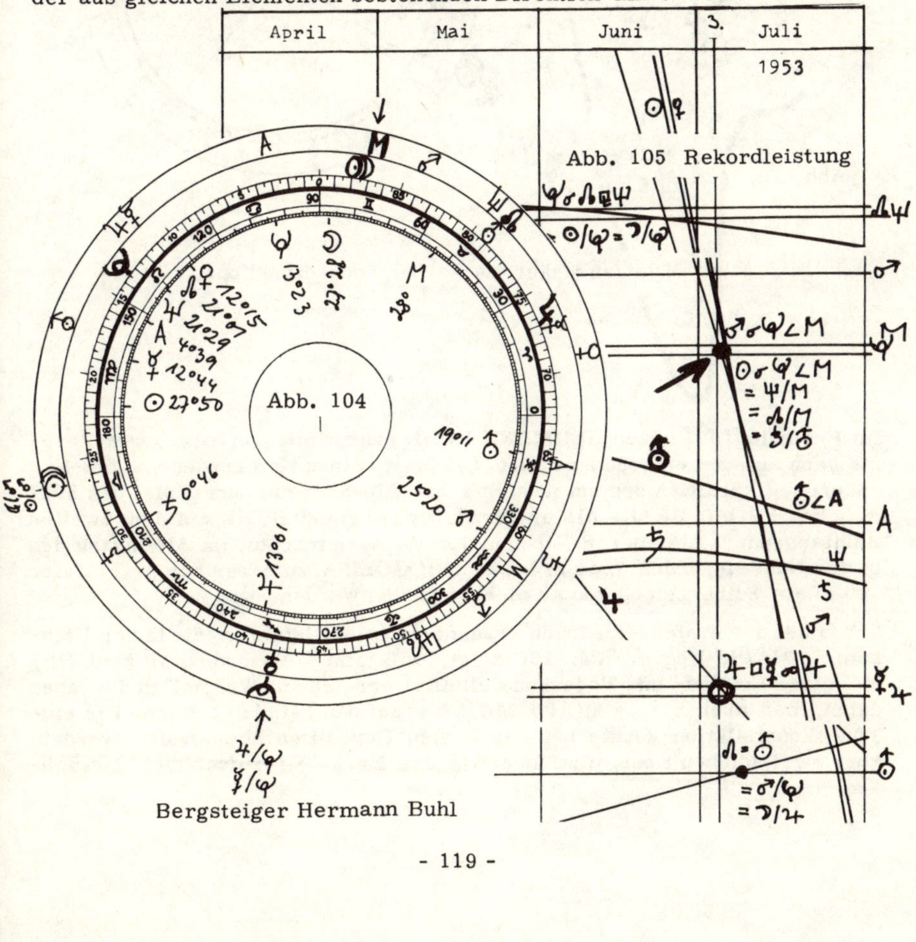

Abb. 104

Bergsteiger Hermann Buhl

Abb. 105 Rekordleistung

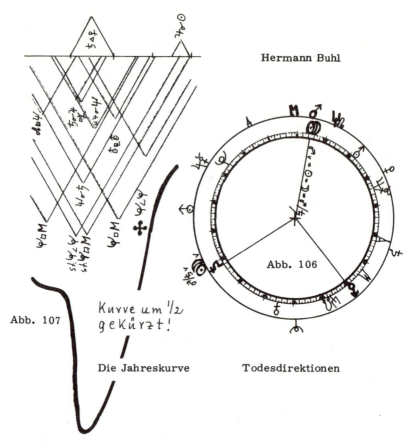

Hermann Buhl

Abb. 106

Abb. 107

Kurve um 1/2 gekürzt!

Die Jahreskurve   Todesdirektionen

Im Frühjahr 1957 brach HERMANN BUHL erneut mit drei Salzburger Bergsteigern auf und erreichte am 9.6.1957 mit seinen Kameraden von der Karakorum-Expedition des österreichischen Alpenvereins den Gipfel des 8047 m hohen BROAD PEAK. Als erster Europäer stand BUHL auf dem zweiten Achttausender. Als aber BUHL nun den Versuch machte, im Alleingang den in der Nähe liegenden 7654 m hohen CHOGOLISA zu erreichen, stürzte er 300 m ab. Seine Leiche konnte nicht gefunden werden.

Schon bei der ersten Expedition erkannten wir die Gefahren, die in der Halbsumme MA/SA liegen. Abb. 106 zeigt, wie jetzt MA v und damit auch NE/MC v die Erfolgs- und Todeskonstellation erreichen. Wesentlich ist aber dabei, daß auch SO v = MO v = MA/SA v auf den Saturn kommen. Die eine Todeskonstellation konnte bei der ersten Expedition überwunden werden, aber zwei solchen Konstellationen war der Bergsteiger doch nicht gewachsen.

Die laufenden Transite bei diesem Bergsteigertod wurden bereits in dem Buch "Die Jahreskurve" in Form einer Kurve dargestellt, die hier zum Vergleich wiedergegeben werden soll (Abb. 107). Eine solche Kurve ist gewissermaßen die bildliche Darstellung des bereits mehrfach erwähnten Jahresdiagramms mit Hilfe der 45°-Ephemeride.

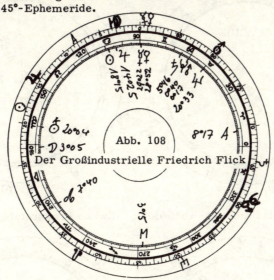

Abb. 108
Der Großindustrielle Friedrich Flick

78. Beispiel: Der Großindustrielle FRIEDRICH FLICK, geb. 10. Juli 1883 gegen 23 Uhr in Ernsdorf-Kreuztal, hat nicht nur in jungen Jahren einen ungewöhnlichen Aufstieg erlebt, sondern sich nach dem Verlust von 75 % seines Vermögens nach dem letzten Weltkrieg auch zu dem bedeutendsten Großindustriellen der Bundesrepublik emporgearbeitet. In seinem Geburtsbild (Abb. 108) befindet sich die "Erfolg bei ungewöhnlichem Energie-Einsatz" versprechende Planetenverbindung JU = MA = PL. Als sehr wesentlich ist UR = MK = JU/PL = MA/JU zu bezeichnen, wonach sich die Erfolge besonders durch uranische Eigenschaften einstellen, durch richtige Erfassung der Lage, plötzliche Umstellungen oder Reformen, vorwärtsstreibende Entwicklungen, Erfolge in Gemeinschaft mit anderen Personen, durch Entschlossenheit und freie Entscheidung. Schon früher habe ich darauf hingewiesen, daß sich Mondknoten-Verbindungen vornehmlich bei Konzernherren, Vorstandsmitgliedern umfangreicher Unternehmungen und Führerpersönlichkeiten auf umfassenden Arbeitsgebieten vorfinden.

FRIEDRICH FLICK war der Sohn eines Landwirts, der nebenbei auch einen Grubenholzhandel für die Bergwerke betrieb. Nach der Prüfung als Diplomkaufmann wurde FLICK bereits mit 24 Jahren Prokurist. Wie Abb. 109 zeigt, wurde JU v = MK = MA/JU = JU/PL fällig, demnach also eine der wesentlichen Erfolgskonstellationen ausgelöst. Das Erfolgsbild wurde aber auch noch ausgelöst durch UR v = JU und MK v = PL, d.h. die beiden wichtigsten Erfolgsachsen schoben sich hier übereinander.

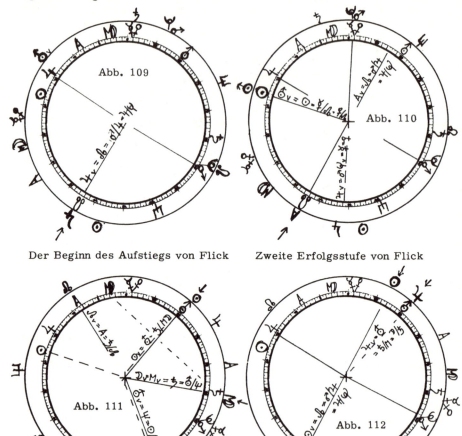

Der Beginn des Aufstiegs von Flick   Zweite Erfolgsstufe von Flick

Verhaftung von Flick   Entlassung von Flick, neuer Aufstieg

Die zweite Erfolgsstufe ergab sich um 1913. Hier wurde er bereits Vorstand einer Eisengesellschaft und verwandelte sein eigenes Unternehmen in eine "Goldgrube", in dem er durch ein neues Verfahren die Hochöfen mit Stahlspänen statt mit Erz fütterte. Abb. 110 läßt erkennen, daß die gleiche Erfolgsachse MK = JU/PL = MA/PL durch AS v ausgelöst wurde. Da der Aufstieg durch eine Erfindung, ein neues Verfahren, bedingt war, ist es bezeichnend, daß UR v = SO = ME/MK = VE/MK fällig wurde. Hier bedeutete UR v = ME/MK Anregungen durch andere Personen, neue Gedanken und Pläne. Die Achse PL v = MA v = JU v ging über ME = VE = UR/AS: Kritik üben, die Verhältnisse gut überschauen, organisatorische Maßnahmen, praktische Zusammenarbeit auf technischem Gebiet, erfolgreiche Änderung, sich durchsetzen.

Nach diesen Erfolgskonstellationen ist anzunehmen, daß sich bei der Verhaftung im November 1946 und Verurteilung zu sieben Jahren Gefängnis in Nürnberg nun ganz gegenteilige Direktionen ergeben müssen. Das ist auch der Fall. Abb. 111 zeigt MC v = MO v = SA = UR/NE mit den Hinweisen auf Mangel an Widerstandskraft, Nervenzusammenbruch, Niedergeschlagenheit, Pessimismus, schmerzlicher Verlust. SO v = UR = SA/MC = MO/SA entspricht in ähnlicher Weise einer plötzlichen beruflichen Krise, Mangel an Lebensmut, geringer Abwehrkraft gegenüber anderen Menschen, Trennung, Leid, sich von Hemmungen frei machen wollen. Weiter ist MK v = AS = SA/MK mit der Aussage: Gehemmte, abgesonderte Persönlichkeit, Schwierigkeiten. Außerdem geht SA v auf MK = MA/JU und JU/PL, also die Glückskonstellation zu, die eben durch SA ins Gegenteil verkehrt wird.

Im Jahre 1950 wurde FLICK aus dem Landsberger Kriegsverbrechergefängnis vorzeitig entlassen. Hier wird nun wieder die Erfolgskonstellation ausgelöst durch SO v gegenüber MK = MA/JU = JU/PL (Abb. 112). Während SO v = UR = MO/SA = SA/MC in die Gefangenschaft führte, bringt JU v an dieser Stelle die Befreiung. Man kann gleichzeitig feststellen, daß die Erfolgsachse JU v = MA v = PL v sich auf MK = MA/JU = JU/PL zu bewegt. FLICK kam den Bestimmungen zum Verkauf seines Ruhrbesitzes zuvor, arbeitete selbst an der Entflechtung seines Konzerns und übergab die Maxhütte seinem Sohn. Mit dem Verkauf der Majorität an andere Firmen erwarb er etwa 250 Millionen DM, die nun der Grundstock für die Expansion des Flick-Konzerns in die verarbeitende Industrie wurden. Außerdem beteiligte sich FLICK an DAIMLER-BENZ mit etwa 72 Millionen DM, an der Auto-Union mit 12 Millionen DM, an der Maximilianshütte mit 60 Millionen DM, an der Monopol-Bergbau AG mit 40 Millionen DM, an Eisenwerken in Wetzlar mit 30 Millionen DM, um nur einige wichtige Beteiligungen zu nennen. FRIEDRICH FLICK ist Dr. h. c., Dr. ing. e. h., Vorsitzender des Vorstandes und Aufsichtsratsvorsitzender verschiedener Großunternehmen. Man beachte nochmals, wie die beiden Erfolgskonstellationen sich bei der Ernennung zum Prokuristen 1907 zum ersten Mal übereinanderschoben (Abb. 109) und wie die Umkehrung dieser Konstellationen nach 1950 (Abb. 112) den Grund zu dem Mamutunternehmen legen ließ.

79. Beispiel: Der deutsche Autoindustrielle CARL F. W. BORGWARD wurde am 10. November 1890 um 19 h 30 m in Hamburg/Altona geboren. Er war der Sohn eines Kohlenhändlers, erlernte das Schlosserhandwerk, ging auf die Maschinenbauschule und wurde mit 23 Jahren Oberingenieur, gründete 1920 die "Bremer Kühlerfabrik Borgward u. Co.", die die Keim-

zelle für den weiteren Ausbau zu den umfangreichen Borgward - Werken wurde. Die ersten großen Erfolge stellten sich um 1922 ein mit der dreirädrigen "Blitzkarre" für Gärtner und Bauern, denen der Dreiradwagen "Goliath" folgte. Der große Erfolg mit diesen Schöpfungen entspricht JU v = PL = UR/AS (Abb. 113) mit der Aussage: Sich in schwierigen Verhältnissen durchsetzen (- man denke dabei an die schwierige Wirtschaftslage um 1932) und erfolgreiche Zusammenarbeit. ME v = MK = MO/JU = MA/UR deutet auf weitgehende Pläne in Verbindung mit anderen Personen auf Grund von Erfindungen (ME v = MA/UR). MC v = MO v = SO/PL entsprach Zielbewußtsein und Machtstreben. Im Jahre 1931 wurden die in Schwierigkeiten geratenen "Hansa-Lloyd-Werke" übernommen. Der Betrieb weitete sich immer mehr aus.

Die modern ausgebauten Werke wurden 1944 durch Bomben zu 80 % zerstört. Während des Krieges wurden u. a. auch Kettenfahrzeuge und Torpedos produziert. Wie Abb. 114 zeigt, entsprach die brutale Zerstörung durch höhere Gewalt PL v = MA und NE v = SA. BORGWARD selbst wurde nach dem Kriege als Wehrwirtschaftsführer bis 1948 interniert. Nach dem Aufbau der Werke lief 1948 der neue "Hansa" vom Band, der durch seine ungewöhnliche Form Aufsehen erregte und die erste in Pontonform gestaltete Karosserie besaß. Der Erfolg mit diesem Wagen entspricht PL v = JU. Es handelte sich also hier um die Umkehrung der Erfolgskonstellation um das Jahr 1932 (Abb. 113). Außerdem war in dieser Zeit fällig Ju v = SO = MO/MC = UR/PL als ein Zeichen großer persönlicher Erfolge. Sehr beliebt war damals der als "Leukoplastbomber" bezeichnete "Lloyd", dem um 1954 die

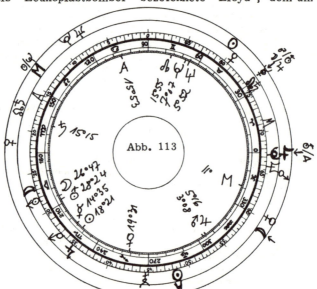

Der Auto-Industrielle Carl Borgward

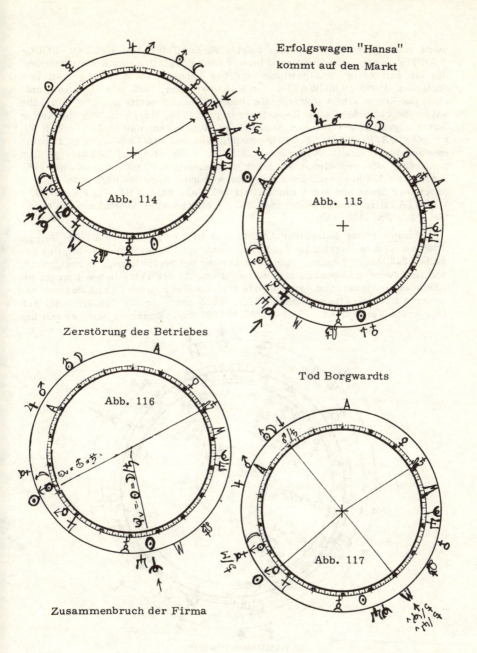

Erfolgswagen "Hansa" kommt auf den Markt

Abb. 114

Abb. 115

Zerstörung des Betriebes

Abb. 116

Tod Borgwardts

Abb. 117

Zusammenbruch der Firma

heute noch geschätzte "Isabella" folgte. Mit der Zeit rächte sich aber BORGWARDTs persönliche Freude an immer neuen Modellen und Konstruktionen, die ein rationelles und gewinnbringendes Arbeiten nicht mehr gestatteten. Außerdem hatte BORGWARDT den Kardinalfehler, daß er alles allein machen und keine Arbeit anderen abgeben wollte. So setzte um 1960 eine Absatz- und besonders eine Exportschrumpfung ein, durch die der Betrieb in Schwierigkeiten geriet. Aus Abb. 116 ist zu ersehen, daß in dieser Zeit PL v = SO = UR/PL = UR/NE fällig wurde, was auf die Gefahr eines Zusammenbruchs hinweist. Außerdem läßt SO v = UR = SA auf Schwierigkeiten schließen, die den Menschen einer schweren Kraftprobe aussetzen. 1961 mußte das Konkursverfahren eröffnet werden. BORGWARDT war ein gebrochener Mann und starb am 28. Juli 1963, als MC v = SA/PL v = SA/NE v = MA/SA fällig wurde, wobei man MC v = MA/SA übersetzen kann als eigenen (MC) Tod (MA/SA).

80. Beispiel: Der Schweizer GOTTLIEB DUTTWEILER, geb. 15. August 1888 um 12 h in Zürich, ist der Revolutionär im Lebensmittelhandel, der bereits 1925 damit begann, die Bevölkerung ortsweise durch Verkaufsautos mit preiswerten Lebensmitteln zu beliefern. Er erstrebte hohen Umsatz bei niederer Gewinnspanne, garantierte frische Ware durch Datumstempel und lieferte alles zu einem runden Preis. 1925 baute er die MIGROS-AG auf. Das erste Verkaufsauto fuhr am 25.8.1925 aus. Zunächst hatte er mit un-

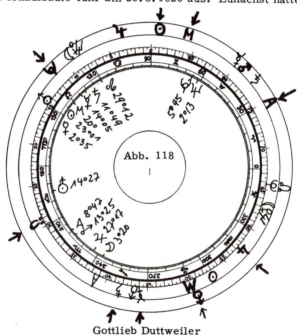

Gottlieb Duttweiler

geheuren Schwierigkeiten zu kämpfen, setzte sich aber immer mehr durch und erreichte im Jahre 1959 einen Umsatz von 760.000.000.-- Franken.

In seinem Kosmogramm (Abb. 118) steht der Uranus, der Planet der Intuition, Erfindung und Umgestaltung im 90°-Kreis ganz allein der Masse der anderen Faktoren gegenüber. 1925 betrug der Sonnenbogen ca. 36°. Demnach formte sich das Bild: UR v = SO/PL v = MC = MA/JU = ME/JU = JU/SA mit der Aussage: Fanatische Reformen ohne Rücksicht auf sich selbst (UR = SO/PL) werden eigenwillig (MC) durchgeführt unter gewaltigen Anstrengungen (UR = JU/SA) und reger Werbetätigkeit (UR = ME/JU), ohne sich von jemanden bevormunden oder aufhalten zu lassen (UR = MA/JU). JU v (in Annäherung zum MC) = SO/MA = SO/ME kennzeichnet Optimismus, Machtstreben, erfolgreiche Tätigkeit durch richtiges Erfassen der Lage im Wettkampf, PL v annähernd JU = PL/MC = SO/NE = SO/VE = SO/MO läßt zur Führerschaft gelangen, in der Überzeugung, im Beruf auch eine Berufung zu sehen (PL/MC), und den eigenen Besitz zu erweitern (JU = SO/MO). SO v = JU/MC v = ME = MA = AS/MC kennzeichnet ein starkes Zielbewußtsein bei Ideenreichtum, Umsicht und Weitblick (SO = ME = MA = JU/MC) in der kaufmännischen Zusammenarbeit (ME = MA = AS/MC). AS v = MK = ME/UR = MA/UR entspricht wieder praktischen Grundsätzen, organisatorischen Maßnahmen, Verwirklichung von Ideen, außergewöhnlichen Unternehmungen. MC v = MA/JU v = SA = MA/AS = ME/AS = SO/MK deutet auf die Schwierigkeiten (SA) auf dem Wege zu den Erfolgen, Sorgen und Kämpfen. MK v = PL = UR/MK bezeichnet die Verbindung mit der Masse (MK = PL) und deren Beeinflussung.

DUTTWEILER versorgte ein Sechstel der Schweizer Bevölkerung mit Waren, verfügte allein über 300 000 Stammkunden, wandelte seine Migros-AG 1941 in eine Genossenschaft um und verteilte das Aktienkapital unter seine Stammkunden. Diese revolutionäre soziale Tat stand unter der Umkehrung der Gründungskonstellation von 1925. Damals erreichte Uranus das Quadrat zum MC, jetzt das vorgeschobene MC den Uranus. DUTTWEILER beschränkte sich nicht allein auf die Lebensmittelgroßhandel, sondern er gründete auch eine "Hotel-Plan-Gesellschaft", baute eine Bergbahn auf den Monte Generoso, schuf Klubschulen für eine sinnvolle Freizeitgestaltung, gab Konzerte mit den größten Künstlern der Welt, errichtete Sprachschulen, finanzierte Filme, zog auch in das Parlament ein, verlegte sich schließlich auch auf den Benzin- und Heizölhandel. Als er nach einem erfolgreichen Leben, in dem er für den Wohlstand der Massen und gegen die Profitgier Einzelner kämpfte, am 8. Juni 1962 im Alter von 73 Jahren starb, wurde die Trauerfeier durch Lautsprecher in vier Kirchen übertragen, die Trauergemeinde zählte nach Tausenden. Uranus v 26°47' Schütze stand in dieser Zeit im Anderthalbquadrat zu Saturn in 11°49' Löwe mit einer Genauigkeit von 2 Minuten. Uranus, der große Wandler, der die bedeutendsten Lebenswendungen beeinflußte, half auch die letzte Wandlung vom irdischen in das geistige Leben vollziehen.

81. Beispiel: Es gibt Menschen, die mit Leichtigkeit große Erfolge erzielen, aber auch solche, die sich das Leben sehr schwer machen und deren Leistungen zunächst in der Öffentlichkeit kaum sichtbar werden. Schon bei DUTTWEILER haben wir gesehen, daß eine ungewöhnliche Widerstandskraft dazu gehört, um "gegen den Strom zu schwimmen", nicht nur an den eigenen Gewinn zu denken, sondern für das Wohl vieler Menschen zu arbeiten. Ein sehr schweres Gebiet hatte sich Pastor FRIEDRICH VON BODELSCHWINGH ausgesucht. Als Landwirt lernte er Not und Elend der Landarbeiter kennen, studierte dann Theologie und wurde "Gassenkehrerpastor" der von Verwahrlosung bedrohten Deutschen in Paris. Er lernte das Organisieren und Betteln für die armen Menschen. 1864 wurde er Pastor in einer Landgemeinde bei Unna, lernte dann als Feldprediger das Elend in den Kriegen 1866 und 1870/71 kennen und folgte 1872 dem Ruf, die von Bielefelder Fabrikanten gestiftete Anstalt für 25 Epileptiker als Leiter zu übernehmen. BODELSCHWINGH organisierte Gelder und baute am Stadtrand von Bielefeld eine neue Anstalt, der er den Namen "Bethel" gab, die spätere "Stadt der Barmherzigkeit", die heute einen weltweiten Klang hat. Dieser Mann war ohne jede Schwärmerei und vervollkommnete sein Werk immer mehr mit einer weltzugewandten Nüchternheit.

F. v. BODELSCHWINGH wurde am 6. März 1831 gegen 16 Uhr in Mark bei Teklenburg (siehe "Sterne und Mensch", VIII. Jahrgang, Leipzig) geboren. In dem früher veröffentlichten Geburtsbild wurde der Uranus falsch eingetragen, was in der vorliegenden Zeichnung (Abb. 119) berichtigt wurde. Zeichnen wir die vorgeschobenen Positionen für einen Sonnenbogen von ca.

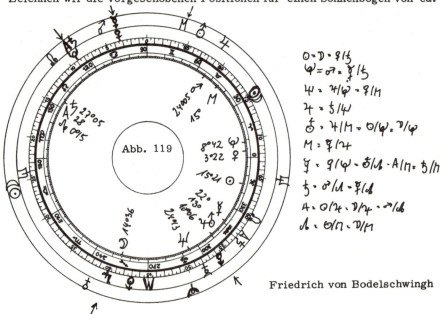

Friedrich von Bodelschwingh

41° (1872/73) ein, so tritt uns sofort die Schwere der Aufgabe entgegen in AS v = SA v = PL = MA = ME/SA, d. h. keine Mühe scheuen, sich abquälen, Schwierigkeiten und Hindernisse mit aller Gewalt überwinden wollen, ein großes Risiko auf sich nehmen (SA = MA = PL = AS) und sich mit außergewöhnlichen Problemen plagen (PL = ME/SA). ME v = VE bezeichnet wohl in diesem Fall keine persönliche Liebe, sondern das Werk (ME) menschlicher Liebe (VE), das hier aufgebaut wurde, das der eigenen Idee entsprach (ME/MC), an die Nerven hohe Anforderungen stellte (ME = MA/UR), aber durch Planreichtum, Organisationstalent, Umsicht und Weitblick auch Erfolg versprach (ME v = MA/JU), wobei auch Enttäuschungen (ME = SO/NE = MO/NE) nicht ausbleiben konnten.

Im Alter von 42 Jahren - der angenäherten "Lebensmitte" - beginnen sich die Grundkonstellationen im Geburtsbild zu wiederholen. Das gilt hier für JU und UR Quadrat MC, bzw. UR = JU/MC mit der Aussage: "Optimismus, glückliche Hand in Unternehmungen, den rechten Augenblick nützen, plötzliche Erfolge, Anerkennung, glückliche Lebensumstellung. Diese vorgeschobene Konstellation ist im Begriff, die Radixstellung auszulösen. Dabei darf man nicht übersehen, daß im Geburtsbild UR = SO/PL vorhanden ist, und zwar wie bei DUTTWEILER (diese Übereinstimmung wurde erst bei der Niederschrift entdeckt und war keineswegs gesucht). In beiden Fällen wurde diese Konstellation bei der Gründung der Unternehmen ausgelöst, obwohl es sich um grundverschiedene Bereiche handelt, in denen nur der soziale Aspekt besonders hervortritt. Die guten Gründungskonstellationen gaben die Aussicht, daß dieses Werk auch über das Leben des Gründers hinaus von Bestand sein konnte.

82. Beispiel: Das Geburtsbild von HENRI DUNANT, Begründer des Roten Kreuzes, fand ich in der französischen Zeitschrift "Astres", mußte aber dann feststellen, daß die Häuser spekulativ eingezeichnet waren, weil keine Geburtsstunde bekannt war. Trotzdem wagte ich die Untersuchung in der Annahme, daß dieses Geburtsbild auf Grund der Mängel nicht sehr ergiebig sein dürfte. Das hat sich auch bestätigt. DUNANT wurde am 8. Mai 1828 geboren und ergriff den Beruf eines Kaufmanns. Nachdem er auf dem Schlachtfeld von Solferino im Juni 1859 erlebt hatte, wie 40 000 Tote und Schwerverwundete auf freiem Felde lagen, ohne daß sich jemand um sie kümmerte, verfaßte er einen flammenden Bericht, appellierte an das Gewissen der Menschheit, rief zur Gründung eines freiwilligen Hilfscorps zur Rettung der Verwundeten ohne Ansehen von Freund und Feind auf und unternahm viele Reisen, um Unterstützung für seine geplanten Hilfsmaßnahmen zu erhalten.

DUNANT war damals 31 Jahre alt. Es wurde daher PL v -180- JU = SO/ME = SO/UR fällig. Daraus kann man schließen, daß er durch tragisches Erleben und körperliches Erleiden anderer Menschen (PL = SO/UR) zu einer guten Erkenntnis kam (JU = SO/UR), um als Redner und Organisator auf seinen Reisen (JU = SO/ME) weitgehende Pläne zu entwickeln (PL = SO/ME).

Im Jahre 1864, als auf der Erde 1863 einberufenen internationalen Konferenz der Grundstein zur Genfer Konvention und der weltweiten Hilfsaktion des Roten Kreuzes gelegt wurde, kam bei einem Sonnenbogen von 35° SO v in das Bild (Abb. 120) hinein, das 1859 durch PL ausgelöst wurde. Jetzt war fällig SO v = JU = SO/ME = SO/UR. Sicherlich spielten auch die uns unbekannten persönlichen Punkte MC, AS und MO eine Rolle. Dem Planetenbild JU v = SO/ME v = SO/UR v = SO/PL entsprechend konnte er sich durchsetzen. Leider wurden die Opfer, die HENRI DUNANT gebracht hatte, nicht entsprechend anerkannt, so daß er seine letzten Lebensjahre in völliger Armut verbrachte. 1901 wurde wenigstens sein großes menschliches Hilfswerk durch den Nobelpreis gewürdigt. Er starb im Jahre 1910.

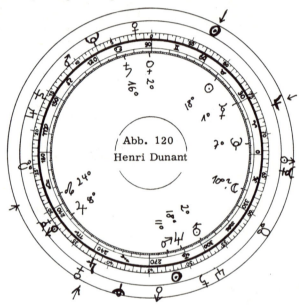

Abb. 120
Henri Dunant

83. Beispiel: Mitunter ist es viel leichter, aus kleinen Anfängen heraus zu bedeutenden Erfolgen emporzusteigen, als ein großes Erbe zu übernehmen und dieses zu erhalten. ALFRIED KRUPP, der Inhaber der Krupp-Werke, wurde nach unseren Informationen am 13. August 1907 um 14 h 45 m in Essen geboren. Angeblich soll diese Angabe mit der Eintragung ins Standesamtregister übereinstimmen, während von anderer Seite eine andere Zeit als standesamtlich bezeugt wird. Für die Richtigkeit von MC und AS kann demnach keine volle Garantie übernommen werden, obwohl sich bezeichnende Übereinstimmungen ergeben. ALFRIED KRUPP wurden die Werke 1943 als Eigentum seiner Mutter übertragen. PL v = ME/JU ist die maßgebende Konstellation (Abb. 121). 1948 wurde er auf Grund des Nürnberger

Urteils zu 12 Jahren Gefängnis verurteilt, als UR v = SO = SA/NE fällig war. Am 3. 2. 1951 wurde er entlassen und heiratete am 18. 5. 1952 unter VE v = PL = SO/JU.

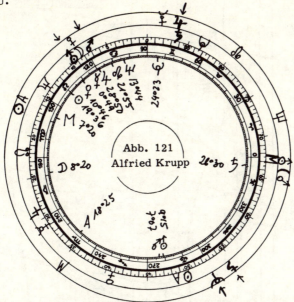

Abb. 121
Alfried Krupp

Anfang März 1967 war die Firma KRUPP gezwungen, auf Grund zu großer. Verpflichtungen eine Bundesbürgschaft zu beantragen, die aber nur unter der Bedingung gewährt wurde, daß das Unternehmen in eine Aktiengesellschaft umgewandelt wird. Man kann sich vorstellen, wie schwer es dem Besitzer geworden ist, hier seine Zustimmung zu geben. Schon auf Grund der graphischen 45°-Ephemeride war seit längerer Zeit zu erkennen, daß mit ungewöhnlichen Schwierigkeiten zu rechnen war. Unter den Direktionen ist maßgebend:

JU v = SA : Schwankender Erfolg.

SA v = UR = MA/NE = SA/MK: Sich gegen Bevormundung und Freiheitsbeschränkung wehren, Eingriffe in das Schicksal, - fehlgeleitete Energie, Schwäche, sich trotzdem nicht beugen wollen, sich von einem Druck frei machen.

PL v = MA = PL/MK: Unter Zwang gestellt sein.

UR v = MC = MK = SO/SA = JU/NE: Zwischenfall im Gemeinschaftsleben, Schicksalswendung, schwierige Verbindungen, Hemmungen in der Entfaltung der eigenen Individualität, - Kontrast zwischen Phantasie und Wirklichkeit erleben, plötzliche Erkenntnis einer schweren Lage, auf Verbindungen falsche Hoffnungen setzen (oder gesetzt haben).

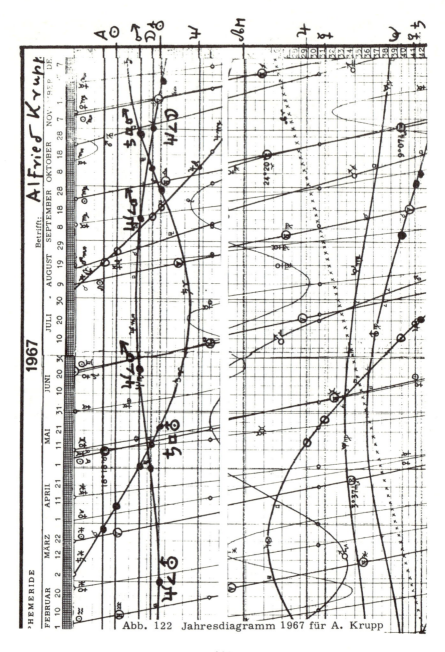

Abb. 122 Jahresdiagramm 1967 für A. Krupp

In dem Jahresdiagramm für 1967 (Abb. 122) erkennt man, wie schon längere Zeit der laufende Neptun den Komplex SO, MA, MO, UR durchkreuzt und Anfang März 1967 NE lfd -45- UR fällig war. Weiterhin ergaben sich Anfang des Jahres Schwierigkeiten durch die Übergange des Saturn über PL, VE, SA, denen ab Ende März die über AS, SO, MA, MO, UR folgen. Ganz ähnliche Konstellationen konnte man auch bei dem Generalbevollmächtigten der Firma Krupp, BERTHOLD BEITZ, feststellen.

84. Beispiel: Ein sehr schweres Erbe mußte O. R. HENSCHEL, geb. 1. 9. 1899 übernehmen, als sein Vater, der Besitzer der großen Henschel-Werke in Kassel, 1924 starb. Durch UR v = PL = SA = SO/NE war der junge Mann der Lage nicht gewachsen. Unter SA v = PL v = MA = JU/NE folgte die schwere Krise 1930 und unter UR v = SA/PL mußte der bisherige Inhaber aus der Firma ausscheiden. Das Beispiel ist in der "Gesicherten Schnelldiagnose" näher ausgeführt. Man beachte, wie immer wieder die gleichen Faktoren als "Schicksalsauslöser" auftreten (Abb. 123).

Das Jahresdiagramm für 1956, das bisher noch nicht veröffentlicht wurde (Abb. 124), zeigt den Übergang des Neptun über SA = PL, die direktional stark hervortraten. Saturn geht zur Zeit des Austritts aus der Firma über MA, UR, SO. Die Neptunkonstellation wird verstärkt durch den Mars. UR = JU kann eine plötzliche Wendung gegenüber den anderen Konstellationen nicht mehr bringen.

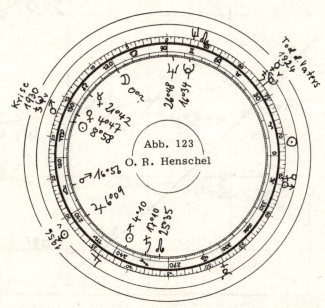

Abb. 123
O. R. Henschel

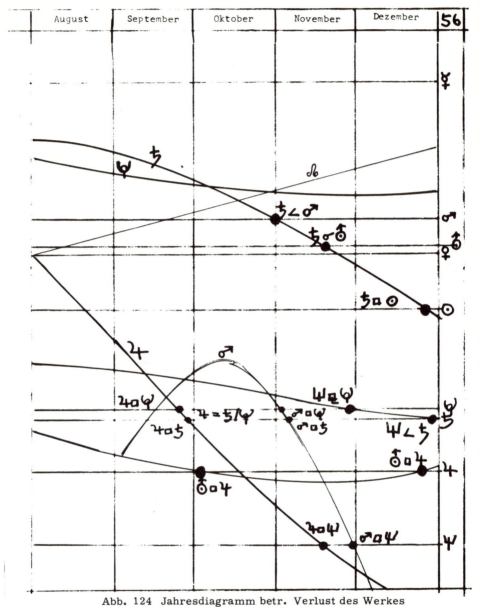

Abb. 124 Jahresdiagramm betr. Verlust des Werkes

85. Beispiel: Immer wieder taucht die Frage auf, ob man nicht "mit Hilfe der Sterne" auch das Glück im Lotteriespiel oder im Toto erzwingen kann. Wenn das möglich wäre, dann müßten alle Astrologen und Kosmobiologen durch Anwendung ihres Wissens reiche Leute geworden sein. In den Jahren um 1930 reiste ein Dr. HÖCKER herum und hielt überall astrologische Vorträge. Er gab auch ein Büchlein über Lotteriegewinne heraus. Da er aber selbst keine Fälle kannte, verwandte er die von dem Astrologen KOPPENSTÄTTER gesammelten Beispiele. Trotzdem muß zugegeben werden, daß es einige Fälle gibt, wo ganz klare Entsprechungen zu solchen Glücksfällen vorhanden sind. Aber im voraus ist bisher kaum ein großer Gewinn berechnet worden.

Im "Kosmischen Beobachter", September 1954, konnten wir das Geburtsbild einer Frau FAHLEN, die 180 Mal im Toto gewonnen hatte, aufzeigen. Ein solcher Fall setzt voraus, daß bereits im Geburtsbild entsprechende Anlagen vorhanden sind. Unsere Totogewinnerin spielte mehrere Jahre, die höchsten Einsätze waren DM 2,--. Es ist anzunehmen, daß es sich meistens um kleine Gewinne gehandelt hat. Betrachten wir aber das Geburtsbild (Abb. 125), so fallen einige wesentliche Konstellationen auf. JU = SO/PL deutet auf besondere Erfolge hin, PL = JU/UR bezeichnet eine plötzliche Begünstigung der finanziellen Lage. ALFRED WITTE bezeichnete seinerzeit die Verbindung JU/NE als maßgebend für Lotteriegewinne. MK = JU/NE

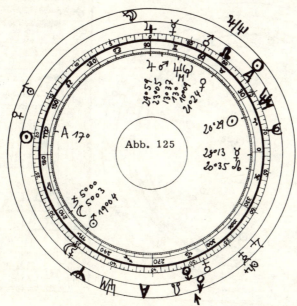

Totogewinnerin Fahlen

bezeichnet nach der KdG Verbindung mit Spekulanten. Als nun die Gewinne erzielt wurden, lief PL v in MK = JU/NE = JU/MC, wobei PL = JU/MC einen Erfolgsmenschen bezeichnet. In den Jahren vor 1954 liefen MA v, MK v und AS v über JU = SO/UR. Die graphische Ephemeride kann nicht eingesetzt werden, weil die Gewinndaten nicht bekannt sind.

86. Beispiel: Ein am 30. Dezember 1941 geborener Italiener gewann Ende Februar 1967 DM 500.000,--. Aus einer Zeitungsnotiz ist zu entnehmen, daß er seit Jahren regelmäßig DM 10,-- bis DM 15,-- wöchentlich "vertippt" hat. Im Geburtsbild können wir ähnliche Konstellationen feststellen wie im vorigen Beispiel. Nur ist hier nicht JU = SO/PL, sondern SO = JU/PL und auch fast gleich JU/NE (Glück durch Spekulation). JU = SO/VE betrifft an sich mehr "Glück in der Liebe", das bei ihm sicher nicht ausbleiben wird, wenn er einer Frau auch etwas bieten kann. Nun ist eigenartig, daß sich diese beiden Grundkonstellationen als Direktionen überschneiden. Es ist (Abb. 126) SO v = JU/PL v = PL (= JU/NE), JU v = SO/VE v = SO = JU/PL (= UR).

In der graphischen 45°-Ephemeride (Abb. 127) kommen PL lfd = PL = JU/NE, JU lfd = MA, SO lfd = MA = JU zur Auslösung. Wie weit sich NE lfd = SA = SO ausgelöst hat oder sich noch auslösen wird, ist nicht bekannt.

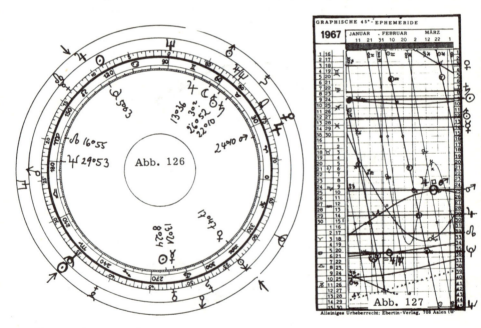

Totogewinn eines Italieners   Jahresdiagramm des Italieners

Damit möge die Durcharbeitung der Direktionsbeispiele abgeschlossen sein. Doch wollen wir uns noch einer Anzahl von Fällen zuwenden, in denen

ähnliche Direktionen auch ähnlichen Ereignissen

entsprochen haben. Greifen wir zunächst einige Beispiele heraus über

Mars - Jupiter - Direktionen.

87. Beispiel: PAUL GETTY, geb. 15.12.1892, gilt als der reichste Mann der Welt. Den Anfang zu seinem unermeßlichen Reichtum legte er 1914, als er in das Ölgeschäft einstieg. Er verdiente damals gleich 1 Million Dollar. Es war fällig MA v -0- JU = SO/MK = MA/UR, wobei JU = MA/UR dem richtigen Erfassen der Lage und sofortigem Handeln, Glück bei Unternehmungen und MA = JU = SO/MK dem Geltungsdrang und der Anerkennung im öffentlichen Leben entsprechen (Abb. 128).

88. Beispiel: Der Rennfahrer G. B. FARINA, geb. 2.11.1893, gründete mit 37 Jahren unter MA v -180- JU seine Karosseriefabrik, in der er für mehrere Autofirmen Karosserien konstruierte. Mit 52 Jahren entwarf er unter der umgekehrten Konstellation JU v -90- MA die beliebte Pontonform, die von vielen Fabriken übernommen wurde (Abb. 129).

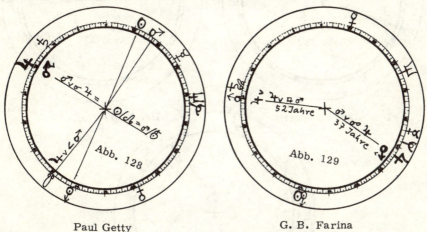

Paul Getty   G. B. Farina

89. Beispiel: Bei Professor Dr. KLAUS MEHNERT, geb. 10.10.1906 in Moskau, äußerte sich MA v -90- JU = SO/UR = ME/PL dadurch, daß er seine erste große Weltreise unternahm, die er auch schriftstellerisch mit grossem Erfolg auswertete. Dabei entsprechen SO/UR den vielseitigen neuen Eindrücken und Anregungen, ME/PL dem Bucherfolg. Gleichzeitig waren folgende Direktionen maßgebend: PL v -90- SO = ME/UR und UR v -90- ME (Abb. 130).

90. Beispiel: Der Raketenforscher EUGEN SÄNGER, geb. 22.9.1905, konnte 1936 ein Forschungsinstitut übernehmen, obwohl erst 1933/34 seine Schrift "Raketenflugtechnik" auf Ablehnung gestoßen war. MA v -135- JU = ME/MK ist für Erfolg und Anerkennung bezeichnend (MA = JU), während man für MK anstelle Interessengemeinschaft (laut KdG) auch Forschungsgemeinschaft oder wissenschaftliches Institut sagen kann, in dem erfolgreich (JU) zusammen (MK) gearbeitet wird (Abb. 131).

91. Beispiel: Der Physiker PASCUAL JORDAN, geb. 18.10.1902, wurde mit 25 Jahren unter MA v -135- JU = ME/PL v mit seinen Lehrern BORN und HEISENBERG Mitbegründer der Quantenmechanik, wobei wie bei MEHNERT ME/PL die publizistische Auswertung bedeutet (Abb. 132).

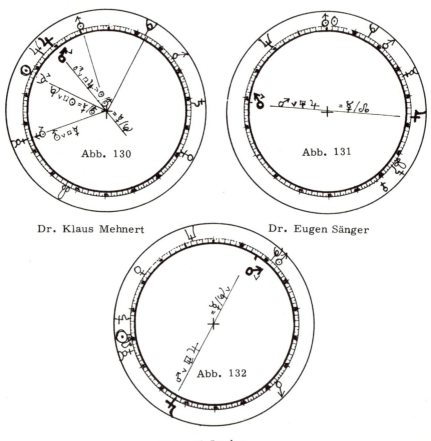

Abb. 130
Dr. Klaus Mehnert

Abb. 131
Dr. Eugen Sänger

Abb. 132
Pascual Jordan

Diese Beispiele zeigen, daß MA v = JU einen besonderen Erfolg bedeutet, der sich aber den Verhältnissen und dem Beruf entsprechend verschieden äußert. Daraus ist der Schluß zu ziehen,

daß bei jeder Beurteilung und erst recht bei jeder Prognose die jeweiligen Verhältnisse, Umwelt, Beruf usw. mit berücksichtigt werden müssen.

Das zeigen auch die weiteren Beispiele.

Jupiter - Pluto - Direktionen

92. Beispiel: Die belgische Königin FABIOLA, geb. 11.6.1928, lernte mit 30 Jahren König BAUDOUIN von Belgien kennen und heiratete ihn später. Das Kennenlernen stand unter JU v -45- PL. Das bedeutete für die spanische Adlige nicht nur eine Ehe, sondern auch eine bedeutende Standeserhöhung (Abb. 133).

93. Beispiel: Prinzessin IRENE von Holland, geb. 5.8.1939, heiratete im Februar 1964 KARL HUGO VON BOURBON-PARMA, der Anrechte auf den spanischen Thron erhebt. JU v -90- PL = VE/MA läßt erkennen, daß es sich dabei um eine sehr leidenschaftliche Beziehung gehandelt hat. Die Prinzessin hat ihren Willen gegen den Widerspruch der Eltern und der holländischen Regierung durchgesetzt. Nachdem die leidenschaftliche Zuneigung erloschen ist, scheint die Ehe nicht sehr glücklich zu sein (Abb. 134).

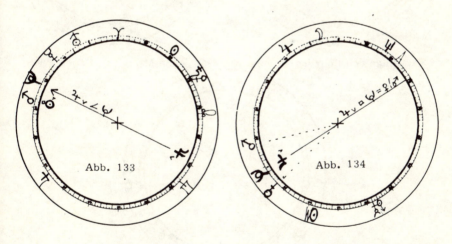

Abb. 133 Abb. 134

Königin Fabiola   Prinzessin Irene v. Holland

94. Beispiel: KARL HUGO VON BOURBON-PARMA, geb. 8.4.1930, heiratete Prinzessin IRENE (Beispiel 93) unter der gleichen Konstellation JU v -0- PL -90- SO. Der besondere Erfolg lag für den Ehemann darin, daß ihm seine Frau auch ihr umfangreiches Vermögen mit zur Verfügung gestellt haben dürfte, um seine angeblichen Thronrechte finanzieren zu können (Abb. 135).

95. Beispiel: ANNE MARIE von Dänemark, geb. 30.8.1946, heiratete 1964 den griechischen König KONSTANTIN unter JU v -90- PL. Hier dürfte das Ziel einer standesgemäßen Heirat mit echter Zuneigung verbunden gewesen sein (Abb. 136).

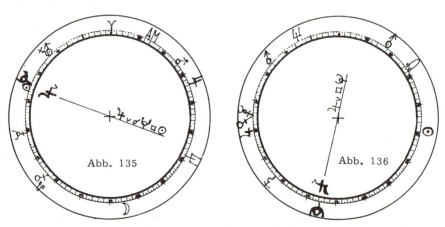

Karl Hugo von Bourbon-Parma   Anne Marie von Dänemark

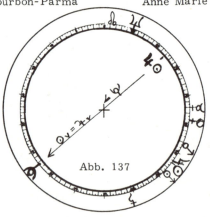

Heidi Dichter

96. Beispiel: Einen Sonderfall stellt die Kieler Gastwirtstochter HEIDI DICHTER, geb. 19.5.1941, dar, die am 24.3.1961 unter SO v = JU v = PL den unermeßlich reichen Scheich von Kuweit heiratete. Das Ziel war erreicht, doch nach kurzer Zeit wurde die Scheidung ausgesprochen (Abb.137).

Hier wurden gleichartige Fälle nebeneinander gestellt. Damit ist aber nicht gesagt, daß JU v = PL immer zu einer Ehe führen muß. Doch sind meist irgendwelche besonderen Erfolge damit verbunden:

TITO wurde Staatschef von Jugoslavien,
J. F. KENNEDY wurde zum Senator gewählt,
der Philosoph LEIBNITZ wurde Präsident der ersten Berliner Akademie,
CHURCHILL begann seine politische Karriere,
EINSTEIN erhielt den Nobelpreis usw.

Uranus - Pluto - Direktionen

Es wird oft angenommen, daß Direktionen zwischen den langsamen Wandlern keine Bedeutung haben, weil ihre Positionen sich in den einzelnen Jahrgängen nur um wenige Grade verschieben und somit viele Menschen in ihrem Geburtsbild Pluto, Neptun, Uranus oder auch Saturn im gleichen Grad des Tierkreises stehen haben. Die Erfahrung hat diese Annahme widerlegt. Das gilt besonders für die Geburten, die mit einer mundanen Winkelverbindung von Uranus und Pluto zusammenfallen. Hierzu einige Beispiele:

97. Beispiel: ADOLF HITLER, geb. 20.4.1889, übernahm 1933 die Macht in Deutschland als Führer und Reichskanzler unter PL v -90- UR = SO/JU = MO/MC, das bedeutet eine erfolgreich verlaufende (SO/UR) Umwälzung oder Revolution (PL = UR) in Verbindung mit einem großen Teil des Volkes (MO/MC) - Abb. 138.

98. Beispiel: ACHMED SUKARNO, geb. 6.6.1901, gründete 1927 die Nationalpartei, wurde 1934 durch die Holländer verbannt, kam 1942 in sein Land zurück, führte die Unabhängigkeitsbewegung unter PL v -135- UR und kam als Präsident an die Macht auf Veranlassung der UN unter UR v -135- PL. (Abb. 139)

99. Beispiel: HAROLD WILSON, geb. 11.3.1916, wurde 1963 Führer der Labour-Party in England, nachdem er vorher einen erfolglosen Kampf um die Parteileitung geführt hatte. Es war fällig PL v -135- UR = ME/MA = MA/MC = AS. Durch rednerisches Talent (ME/MA) gelang es ihm, sich mit ungewöhnlicher Zielstrebigkeit und Tatkraft durchzusetzen (UR = PL = MA/MC). Dieser Erfolg bereitete die Übernahme der Regierung vor (Abb. 140).

100. Beispiel: Es ist wohl kein Zufall, daß ERICH OLLENHAUER, geb. 27. März 1901, unter der ähnlichen Konstellation PL v -135- UR = MO/MK = MA/

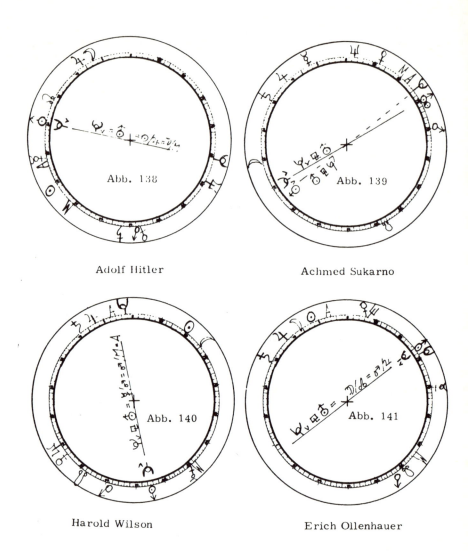

Adolf Hitler　　　　　　　Achmed Sukarno

Harold Wilson　　　　　　Erich Ollenhauer

JU im Jahre 1946 zum zweiten Vorsitzenden der SPD gewählt wurde, um nach einigen Jahren nach dem Tode Dr. SCHUMACHERs die alleinige Führung zu übernehmen. Aus der Konstellation ist folgende Aussage zu entnehmen: Erfolgreiche (MA/JU) Lebenswende (PL = UR) innerhalb einer Gemeinschaft (MO/MK bzw. einer Partei (Abb. 141).

101. Beispiel: WOLFGANG LEONHARD, geb. 10.4.1921 in Wien, wurde als Sohn eines linksradikalen Ehepaares in Moskau im sowjetischen Stil erzogen, kam 1945 als Referent für Schulung des Zentralkommitees der KPD nach Berlin, war Lehrer an der Parteihochschule der SED, trat aber immer mehr in Opposition zu Moskau und ging 1950 nach dem Westen. Die völlige Wandlung entspricht UR v = JU v -90- PL (Abb. 142).

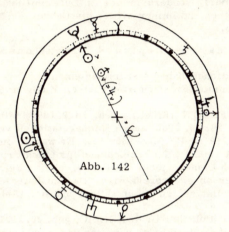

Abb. 142

Wolfang Leonhard

Pluto-Uranus-Direktionen entsprechen in vielen Fällen einer Lebensumstellung, einem Berufswechsel, einer plötzlichen Änderung der Lebensverhältnisse oder auch ganz neuen Erkenntnissen. Hierzu einige Beispiele:
PETER VAN EYCK wechselte vom Kontrolloffizier zum Schauspieler,
F.J. STRAUSS wurde Verteidigungsminister,
EUGEN SÄNGER entwickelt unbemannte Flugkörper,
BURKHARD HEIM baut die erste Rakete, verliert aber dabei Hände und Augenlicht,
Hauptmann KÖHL führt den ersten Transozeanflug durch,
Prof. NOELLE-NEUMANN erhält die Anregung zur Gründung des Meinungsforschungsinstitutes,
der Schriftsteller CURT RIESS wird Mitarbeiter namhafter Zeitschriften,
HENRY FORD I. gründet die Ford-Compagnie,
HENRI NANNEN gründet die Illustrierte "Der Stern".

Es kann sich aber unter dieser Konstellation auch eine völlig negative Wendung, sogar Krankheit und Tod, ergeben:

Die Spionin MATA HARI wird hingerichtet,
Dr. OTTO PRAUN wird ermordet,
Dr. HEINRICH REICH erlebt Schlaganfall mit linksseitiger Lähmung.

Bei einem am 3. 3. 1891 Geborenen entwickelte sich ein Geschwür am Mageneingang,
der Sturmbandführer SAEVECKE wird in Verbindung mit der Judenverfolgung zum Massenmörder,
der Sittlichkeitsverbrecher ADOLF SEEFELD wird zum Massenmörder.

Daraus geht immer wieder hervor, daß man die Direktionen nicht für sich allein betrachten darf, sondern immer im Zusammenhang mit den anderen Konstellationen sehen und immer wieder die Lebensverhältnisse mit in Betracht ziehen muß.

Mars - Neptun - Direktionen

Die MA-NE-Direktionen haben fast immer einen negativen Charakter, dem entweder ein bestimmtes Erleiden oder auch ein Zufügen von Leid entspricht.

102. Beispiel: ALFRED FRENZEL, geb. 18.9.1899, Mitglied des Bundestages, wurde am 28.10.1960 wegen Spionagetätigkeit verhaftet. Es war fällig: NE v -90- MA r -45- ME -135- PL. Er war zu dieser Tätigkeit erpreßt worden. MA = ME/PL ist bezeichnend für einen Erpresser (KdG 534), aber es ergibt sich immer wieder die Frage, ob der Betreffende selbst ein Erpresser ist oder ob er erpreßt wird. Das zu unterscheiden ist nur bei Betrachtung des vollständigen Geburtsbildes möglich (Abb. 143).

103. Beispiel: Der Politiker G. R. HELBIG, geb. 28.11.1911, hat zwischen 1955 und 1963 Nachrichtendienste verraten und wurde unter MA v -0- NE = SA/PL verhaftet. Er hatte noch DM 5000,-- in der Tasche. Im Geburtsbild deutet bereits NE = SA/PL auf Falschheit, Lüge, Betrug, heimliche Schädigung anderer hin. Diese Konstellation wurde durch MA ausgelöst. (Abb. 144)

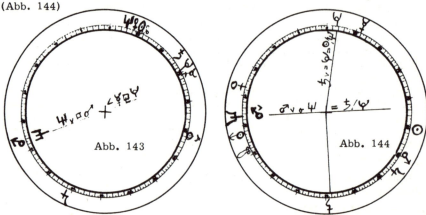

Abb. 143   Abb. 144

Spion Frenzel verhaftet   Spion Helbig verhaftet

104. Beispiel: Der frühere österreichische Außenminister, Dr. BRUNO KREISKY, geb. 22.1.1911, hatte sich nach dem Verbot der sozialdemokratischen Jugendorganisation, der er als Leiter des Bildungsreferats angehörte, noch betätigt und wurde 1938 durch die Geheime Staatspolizei verhaftet unter MA v -180- NE = ME/SA = PL/MK. Nach der KdG bedeutet MA = PL/MK "unter Gewalt gestellt sein", nämlich im Konzentrationslager. ME/SA entspricht hierbei der Trennung und der damit verbundenen seelischen Depression (Abb. 145).

105. Beispiel: Der frühere SS-General KARL WOLFF, geb. 13.5.1890, erlebte unter HIMMLER eine Blitzkarriere bis zum Chef des Stabes und zum General. 1941 war er an dem Massenmord von Juden beteiligt, als PL v = MA = SO/SA fällig war (Abb. 146). Erst am 18.1.1962 wurde er unter MA v -0- NE = SA/PL verhaftet. Man beachte, daß hier die gleiche Halbsumme SA/PL mitspricht wie bei HELBIG (Beispiel 103).

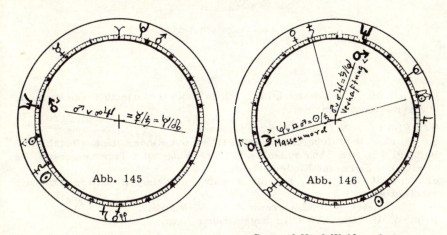

Dr. Kreisky verhaftet   General Karl Wolf verhaftet

106. Beispiel: Die Konstellationen machen keinen Unterschied, ob jemand wegen eines Verbrechens oder durch falsche Anschuldigungen verhaftet wird. Verhaftung ist eben Verhaftung, die Motive spielen dabei keine Rolle. Es darf daher nicht wundern, daß auch RUDOLF AUGSTEIN, geb. 5.11.1923, als Herausgeber des "Spiegel" am 27.10.1962 (Sbg = 38°25') verhaftet wurde, weil angeblich eine "Geheimsache" in einem Artikel veröffentlicht worden war. Es war fällig MA v = NE = SO/JU = SA/UR, wobei SA/UR besagt, daß er sich ins Unvermeidliche fügen mußte, während SO/JU eine glückliche Lösung des Verfahrens vermuten ließ, so daß er bald wieder frei gelassen wurde, weil ihm ein Verschulden nicht nachgewiesen werden konnte (Abb. 147).

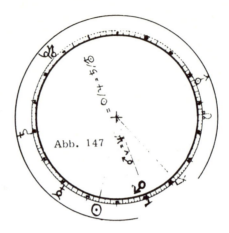

Abb. 147

Rudolf Augstein verhaftet

Daß sich eine MA-NE-Direktion auch in anderer Form auslösen kann, bestätigen folgende Beispiele:

WOLFGANG VON GOETHE wird nierenkrank,
ein am 22.2.1932 Geborener wird 1941 von der Kinderlähmung befallen,
Beispiel 3 in den "Anatomischen Entsprechungen der Tierkreisgrade" betrifft ebenfalls eine Kinderlähmung,
ein am 2.10.1910 geborener Mann mußte sich einer Blinddarm-Operation unterziehen,
der US-Offizier WERNER ermordet U. SCHAMEL,
Prof. W. HEYDE (SAWADE) begeht Selbstmord.

Ähnliche Fälle ergeben sich auch bei der Umkehrung NE v = MA:

Bei FRIEDRICH NIETZSCHE setzt die Paralyse ein,
der Astronom GARTMANN endet durch Herzschlag,
MARIO LANZA stirbt an einem Venen- und Herzleiden,
WALDEMAR SCHWEITZER, Herausgeber der "DM", erlebt Konkurs,
Spion THÜMMEL wird verhaftet,
General DE GAULLE ist fast erblindet,
eine am 18.4.1905 geborene Frau litt 1955 an einer Nierenentzündung.

Saturn - Sonne - Direktionen

107. Beispiel: Der frühere deutsche Außenminister Dr. GUSTAV STRESEMANN, geb. 10.5.1878 um 12 h 30 m in Berlin, starb am 3.10.1929 um 5 h. Sein Tod war seinerzeit von ELSBETH EBERTIN angedeutet worden. Im Todesjahr war fällig SA v -0- SO (Abb. 148).

108. Beispiel: Der Dichter FRANZ WERFEL, geb. 10.9.1890 um 23 h 45 m in Prag war seinerzeit besonders durch den Film "Das Lied der Bernadette" bekannt geworden. Das Planetenbild SO = VE = JU = MO/UR, das zu Beginn seiner literarischen Tätigkeit im Alter von 20/21 Jahren durch Me v ausgelöst wurde, wurde bei seinem Tode 1945 durch SA v ausgelöst (Abb. 149).

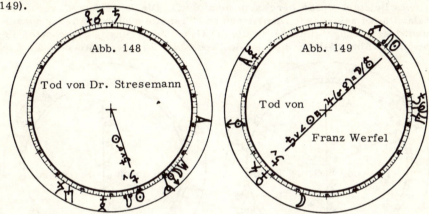

Abb. 148 — Tod von Dr. Stresemann

Abb. 149 — Tod von Franz Werfel

109. Beispiel: Der Dichter GEORG TRAKL, geb. 3.2.1887 in Salzburg, war der "Lyriker des sterbenden Abendlandes". Er war schwer krank, lebte ständig in Angstvorstellungen, mußte in eine psychiatrische Klinik eingeliefert werden, wurde Morphinist und endete durch Selbstmord (Gift) am 5.11.1914 in Krakau, als SA v -180- SO = MO/SA (Depression) und MC v = SA = MA/PL (Gewaltsamer Tod) fällig waren (Abb. 150).

110. Beispiel: Eine am 20.3.1923 um 21 h in Mühlacker geborene Frau (siehe Artikel von Dr. Verleger, Kosmobiologie, Mai 1950) vergiftete sich durch Salzsäure am 20.5.1949. Neben vielen anderen Konstellationen ist SA v -135- SO = MA/JU = ME/SA fällig (Abb. 151). Es handelte sich hier um eine Arbeitsaufgabe, die von sechs Bearbeitern - unabhängig voneinander - richtig gelöst wurde.

111. Beispiel: Der folgende Fall beweist, daß die Saturn-Direktion nicht immer den Eigner des Geburtsbildes selbst betreffen muß. Der amerikanische Film-Komiker RED SKELTON hatte einen zehnjährigen Sohn, der 1958 an Leukämie erkrankte. SKELTON wußte, daß sein Sohn verloren war, versuchte ihm noch einmal alle Schönheiten der Welt zu zeigen und war doch schwer erschüttert, als das Kind starb. SA v -0- SO und NE ist nicht nur für den Todesfall, sondern auch die schwere seelische Belastung bezeichnend (Abb. 152).

112. Beispiel: Bischof FRANZ DEMAN, geb. 27.10.1900, erlag am 27.3. 1957 während der feierlichen Bischofsweihe und Inthronisation einem Herzleiden, das bereits Anlaß zu einer Verschiebung der Feierlichkeiten gewesen war. SO v -0- SA ist fällig, nachdem SO v die Opposition zu NE erst kürzlich überschritten hatte. Außerdem war PL v -135- SA im Anzug (Abb. 153).

Dieses Beispiel wurde bereits in dem Buch "Die Jahreskurve" veröffentlicht. Um zu zeigen, wie Direktionen und Transite auch hier wieder zusammenwirken, möge gleichzeitig die auf Grund der Transite berechnete Jahreskurve (Abb. 154) für die Zeit des Todes wiedergegeben werden. Es sind

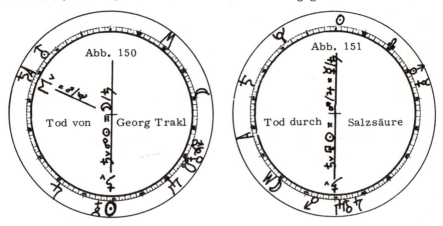

Tod von Georg Trakl — Abb. 150

Tod durch Salzsäure — Abb. 151

vor allem die scheinbar stillstehenden Planeten, die für die ungewöhnlich tiefe Kurve den Ausschlag geben: NE lfd -0- SO -135- PL (Krankheit) und UR lfd -90- SO (Herzleiden).

Weitere SA-SO-Direktionen war in folgenden Beispielen fällig:

KONRADIN von Schwaben, der letzte Hohenstauffe, wurde nach verlorener Schlacht hingerichtet.

Eine am 29. 9. 1919 um 17 h 30 m in Essen geborene Frau bekam ein Geschwür am Gebärmuttermund und mußte am 26. 6. 1950 operiert werden. Die gesundheitliche Gefährdung war von E. MODERSOHN (siehe Kosmobiologie, Dezember 1950, Seite 84) vorausgesagt worden.

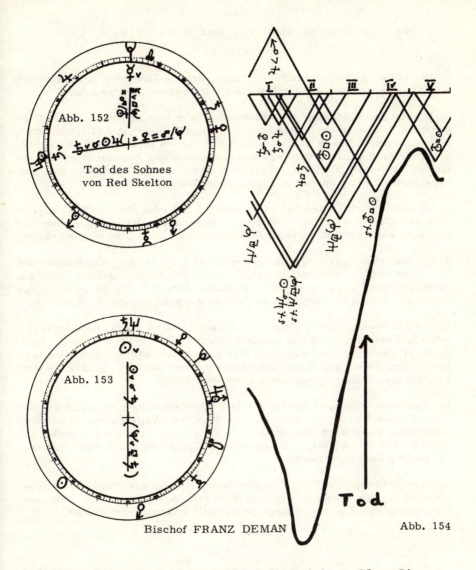

Abb. 152 Tod des Sohnes von Red Skelton

Abb. 153 Bischof FRANZ DEMAN

Abb. 154

In den folgenden Fällen handelt es sich um die Umkehrung SO v = SA:

Der Flugzeugkonstrukteur SIKORSKY mußte sich von der Heimat trennen,
JOHANNES KEPLER wurde des Landes verwiesen,
der US-Pilot POWERS wurde in Rußland abgeschossen und gefangen gesetzt.

Welche Lehren sind aus der Beispielsammlung zu ziehen?

1. Die Fülle an Beispielen läßt erkennen, daß die Sonnenbogen-Direktionen - wie auch schon von anderen bewiesen - Schicksalshinweise geben.

2. Die Art der Auslösung der Direktionen kann nur in vollem Umfang erkannt werden, wenn das möglichst vollständige Geburtsbild vorliegt und auch die Lebensverhältnisse der betreffenden Personen bekannt sind. Wenn hier jeweils einzelne Direktionen aus dem Zusammenhang genommen wurden, so ist das ein Notbehelf, um einen Vergleich einer Vielzahl von Fällen zwischen Direktionen und Lebensereignissen durchzuführen.

3. In sehr vielen Fällen hat sich gezeigt, daß eine gewisse Abhängigkeit zwischen Direktionen und Transiten besteht, daß sich Direktionen nur bestätigen, wenn auch entsprechende Transite vorhanden sind und umgekehrt.

4. Die Untersuchungen wurden nur auf Grund der Beziehungen zwischen den Gestirnen und den persönlichen Punkten MC und AS durchgeführt, ohne die verschiedenen "Häusermethoden" zu berücksichtigen. Es hat sich dadurch bestätigt, daß die Gestirne mit MC und AS die maßgebenden Faktoren sind.

5. Die Überlieferung vom Wesen der Aspekte, daß es weiche und harte, positive und negative, gute und schlechte Winkel gibt, wurde widerlegt, denn auch die positiven oder günstigen Ereignisse wurden durch Quadrate, Oppositionen, Halb- und Anderthalbquadrate ausgelöst, also gerade die Winkel, die man früher als ungünstig bezeichnet hatte.

6. Maßgebend sind in erster Linie alle Winkelbeziehungen, die sich aus der fortlaufenden Teilung des Kreises (180-90-45°-Winkel) ergeben. Wer diese Behauptung widerlegen will, muß durch die gleiche Zahl von Beispielen beweisen, daß die Winkel, die sich aus der Drittelung des Kreises ergeben, die gleiche Bedeutung haben.

7. Für die Überprüfung der Transite haben sich die graphischen 45°-Ephemeriden bestens bewährt, weil mit ihnen nicht nur einzelne Transite, sondern vielseitige Zusammenhänge gleichzeitig erfaßt werden können.

DIREKTIONALE ENTSPRECHUNGEN
I. Kontakt, Freundschaft, Liebe

01 SO-MO: Beziehungen zwischen Mann und Frau, Freundschaft, Liebe, Ehe
02 SO-VE: Körperliche Liebe, Liebesverbindung
03 SO-MA: Der Ehemann, der schaffende Mann
04 SO-JU: Glücklicher Mann, Bräutigam, günstige Lebenswendung
05 SO-MK: Bekanntschaft, Verbindung, körperliche Verbindung, Gemeinschaft
06 SO-AS: Begegnung mit anderen Menschen, Bekanntschaft
07 SO-MC: Individuelle Beziehung, Verbindung mit einem Mann oder Verbindung des Mannes, der Mann erreicht sein Ziel
08 MO-ME: Gedankenaustausch mit weiblichen Personen, anregende Freundschaft
09 MO-VE: Liebesempfinden, Hingabe, echte Liebe, Verlangen nach Mutterschaft, Familiensinn
10 MO-MA: Verbindung mit einer tätigen Frau, die Ehefrau, die Mutter, die energische Frau
11 MO-JU: Glücksgefühl, glückliche Frau, die Braut, eine Frau erreicht ihr Ziel
12 MO-MK: Seelisches Verbundensein, Verbindung der (mit einer) Frau, Frauenbekanntschaft
13 MO-AS: Kontakt mit einer Frau, Bekanntschaft, unter dem Einfluß einer Frau stehen
14 MO-MC: Die weibliche Seele, seelische oder individuelle Verbindung mit einer (der) Frau.
15. ME-VE: Liebesgedanken, Liebesverbindung, seelischer Kontakt
16 ME-MK: Gedankenaustausch, Geselligkeit, Anregungen geben/erhalten
17 ME-AS: Mit anderen Personen zusammenkommen, Gedankenaustausch haben, Bekanntschaft, zu anderen Menschen Stellung nehmen
18 ME-MC: Gemeinsame Ziele besprechen, Anschauungen offenbaren
19 VE-MA: Leidenschaftliche oder triebhafte Verbindung, Geschlechtsverbindung, das intime Verhältnis
20 VE-JU: Liebesfreude, Liebes- oder Eheglück, sich beliebt machen, sich verlieben, verloben, verheiraten
21 VE-UR: Liebeserregung, Liebe auf den ersten Blick, plötzliche Liebe, Liebesabenteuer
22 VE-PL: In den Liebespartner "verschossen" sein, sich unter innerem Zwang zu einem Liebespartner hingezogen fühlen, verführen oder verführt werden, (un-)eheliche Zeugung
23 VE-MK: Liebesverbindung, Geschlechtsverbindung
24 VE-AS: Liebesbekanntschaft, harmonisches Verhältnis, sich liebhaben
25 VE-MC: Individuelle Liebe, herzliche Zuneigung empfinden, sich verlieben
26 MA-JU: Glückliche Entscheidung, sich verloben, sich verheiraten, die Geburt
27 MA-MK: Triebhafte Verbindung, Zusammenleben, Zusammenarbeit, gemeinsam Pläne durchführen
28 JU-UR: Plötzliches Glück erleben, glückliche Lebenswendung
29 JU-PL: Besonderes Glück, Standeserhöhung durch die Ehe

30 JU-AS: Angenehme Beziehungen anknüpfen,vorteilhafte Bekanntschaft
31 JU-MC: Glückliche individuelle Verbindung, gute Entscheidung,
         sein Ziel erreichen
32 UR-AS: Plötzliche Bekanntschaften,neue Verbindungen anknüpfen,ge-
         meinsame Erlebnisse
33 UR-MC: Lebenswendung
34 PL-MK: Zwanghafte Verbindung
35 MK-AS: Verbindung mit anderen Personen,zusammengehen wollen
36 MK-MC: Individuelle Verbindung,mit Gleichgesinnten zusammensein,
         Gründung einer Gemeinschaft

II. Kontaktstörungen, Entfremdungen, Trennungen Scheidungen

37 SO/MO-SA: Gegenseitige Hemmungen,Entfremdung,Lösung der Gemeinschaft
38 SO/MO-UR: Mangel an Anpassung,plötzliche Ereignisse,Aufregungen,
            Konflikte,Trennung
39 SO/MO-NE: Unzufriedenheit, sich gegenseitig quälen, Mißverständnisse
            Täuschungen,Untergrabung der Verbindung
40 SO/MO-PL: Krise in der Verbindung
41 SO/ME-MA: Auseinandersetzungen,Aufregungen,Streitigkeiten
42 SO/ME-SA: An Trennung denken,Abschied nehmen
43 SO/ME-NE: Enttäuschungen erleben
44 SO/VE-SA: Triebhemmungen,Liebesleid,Liebestrennung
45 SO/VE-NE: Falsches Liebesempfinden,Irrwege in der Liebe,Liebes-
            enttäuschung
46 SO/MA-SA: Schwierigkeiten, Niederlage bei Auseinandersetzungen
47 SO/MA-NE: Der getäuschte oder betrogene Mann,der Täuscher
48 SO/JU-SA: Gestörtes Glück,Vereinsamung eines Partners
49 SO   -SA: Hemmungen,Entfremdungen,Trennungen
50 SO/UR-SA: Plötzlicher Verlust,plötzliche Trennung,voreiliger
            Abschied
51 SO/UR-MK: Aufregung in Verbindungen
52 SO   -NE: Enttäuschungen, Krankheit des Partners
53 SO/NE-MO: Enttäuschung durch den Partner
54 SO/NE-VE: Irrwege in der Liebe,Enttäuschungen
55 SO/PL-MO: Störungen im (weiblichen) Organismus
56 SO/MK-MA: Mangel an Anpassung, Hemmungen,Kontaktstörungen,Trennung
57 SO/MK-UR: Aufregungen in der Gemeinschaft
58 SO/MK-NE: Ärger und Verdruß in der Gemeinschaft,Enttäuschungen
59 SO/AS-MA: Streitigkeiten
60 SO/AS-SA: Schwierigkeiten im Zusammenleben
61 SO/MC-MA: Zurückhaltung, Hemmungen,sich zurückziehen,traurig sein
62 SO/MC-NE: Unklares Verhältnis,Enttäuschungen erleben
63 MO/VE-SA: Abschied nehmen,sich trennen,Entsagung(durch Krankheit)
64 MO/VE-NE: Unglückliche Liebe,entsagen müssen
65 MO/MA-SA: Unterdrückte Gefühle,Hemmungen,Unbefriedigtsein,Trennung
66 MO/MA-NE: Fehlgeleitetes Triebleben,Erkrankung der Zeugungsorgane,
            Untergrabung des Verhältnisses
67 MO/MA-PL: Störung der Gemeinschaft durch Krankheit,höhere Gewalt
68 MO/JU-SA: Nicht froh werden können,Trennung vom Glück(d.Krankheit)

69	MO -SA :	Alleinstehende oder getrennte Frau,Sorgen durch die Frau, Familiensorgen,Entfremdung,Trennung
70	MO/SA-JU:	Sich gern trennen
71	MO/UR :	Seelische Aufregungen in der Partnerschaft
72	MO/UR-SA:	Sich plötzlich trennen,unabhängig sein wollen
73	MO/UR-AS:	Aufregende Erlebnisse,die zur Trennung führen können
74	MO/UR-MC:	Eigene Entscheidungen treffen
75	MO/NE :	Empfindliche Frau,Untergrabung der Ehe durch Launenhaftigkeit,Schwäche,Faulheit
76	MO/PL :	Ungewöhnliche Erlebnisse einer Frau (mit einer Frau)
77	MO/PL-SA:	Sich gehemmt fühlen,sich trennen wollen,seelisches Leid
78	MO/MK-SA:	Hemmungen und Schwierigkeiten im Zusammenleben,Trennung
79	MO/MK-NE:	Aussichtslose Verbindung,Enttäuschung,Untergrabung der Verbindung
80	MO/AS-SA:	Gegenseitige Hemmung,Trennung
81	MO/AS-NE:	Ärger,Niedertracht,Abneigung
82	MO/MC-SA:	Gestörter seelischer Kontakt,Trennung
83	MO/MC-NE:	Falsche Vorstellungen von einander,sich quälen
84	MO/MC-PL:	Seelische Erschütterungen
85	ME/VE-NE:	Untergrabung von Verbindungen
86	ME/MA-SA:	Trennung durch Streit
87	ME/MA-NE:	Versprechen werden gebrochen,aussichtslose Pläne,Streit
88	ME/JU-SA:	Hemmungen bei der Entschlußfassung,Abschied nehmen
89	ME/SA :	An Trennung denken
90	ME/PL :	Ein gespanntes Verhältnis lösen wollen
91	ME/PL-MA:	Trennung durch Ärger und Streit
92	ME/MK-SA:	Gestörter Kontakt, sich trennen
93	ME/MK-NE:	Gestörte Gemeinschaft,Verbindung wird untergraben
94	ME/AS-SA:	Sich nicht aussprechen können,sich trennen
95	ME/AS-NE:	Hintergangen werden,Falschheit,Verleumdung
96	ME/MC-NE:	Sich zurückziehen,sich trennen,traurig sein
97	VE/MA-SA:	Hemmungen in der Liebe,uneheliche Verbindungen,krankhaftes Triebleben(Kinderlosigkeit ?)
98	VE/MA-NE:	Enttäuschung in geschlechtlicher Hinsicht,Perversionen, unbefriedigt in der Ehe
99	VE/JU-SA:	Mangel an Anpassung,Ernüchterung,zerstörte Hoffnung
100	VE/JU-NE:	Mangel an Korrektheit,Falschheit,zermürbendes Verhältnis
101	VE/SA :	Hemmungen im Liebesleben,Liebesleid,Treulosigkeit,uneheliche Beziehungen,(Kinderlosigkeit,Fehlgeburten?) Alle Positionen in dieser Halbsumme sind problematisch, siehe KdG
102	VE/UR :	Neigung zu Liebesabenteuern,Eigenwilligkeit in der Liebe, romantische Veranlagung
103	VE/UR-SA:	Vorübergehende Triebhemmungen,Erwachen aus einem Liebesrausch,Ernüchterung
104	VE/UR-NE:	Eigenartige erotische Veranlagung,Verführung,Entsagung
105	VE/NE :	Erotische Illusionen,Enttäuschungen,Ideale und Wünsche lassen sich nur schwer verwirklichen,Irrwege der Liebe Alle Positionen in dieser Halbsumme sind negativ,siehe KdG
106	VE/PL-SA:	Unmoral,tragische Liebe,Trennung durch höhere Gewalt

```
107 VE/MK-SA: Ernüchterung,Schwierigkeiten,Sorgen,Trennung
108 VE/MK-NE: Neigung ohne Erfüllung,Falschheit, Enttäuschung
109 VE/AS-SA: Vereinsamung,Entfremdung, Trennung
110 VE/AS-NE: Enttäuschung,Untergrabung der Verbindung
111 VE/MC-SA: Unbefriedigtsein,verdrängte Liebesneigung,Trennung
112 VE/MC-NE: Abneigung,Unbefriedigtsein,Entsagung,sich unglücklich
              fühlen
113 MA/JU-SA: Sich schwer entschliessen können, Trennung
114 MA/JU-NE: Falschheit,Untreue,Aussichtslosigkeit
115 MA/SA   : Auseinandersetzung,Trennung,Trauer
116 MA/NE   : Mangel an Entschlußkraft,Planlosigkeit
117 MA/PL   : Trennung durch Gewalt, Unfall
118 MA/MK-SA: Schwierigkeiten in Verbindungen,Trennung
119 MA/MK-NE: Untergrabung einer Verbindung,Falschheit,Enttäuschung
120 MA/AS-SA: Sich nicht richtig entfalten können, Trennung
121 MA/AS-NE: Disharmonisches Zusammenleben,durch den andern kranksein
122 MA/MC-SA: Hemmungen,Trennungen
123 JU/NE-SA: Falsche Hoffnungen,Enttäuschungen
124 JU/NE-UR: Plötzliche Erkenntnisse einer schweren Lage
125 JU/NE-MK: Auf Verbindungen falsche Hoffnungen setzen,betrogen sein
126 JU/PL-SA: Hemmungen in der Entfaltung,Trennung
127 JU/PL-NE: Durch den Partner geschädigt werden
128 JU/MC-SA: Sich absondern,sich trennen.
129 JU/MK-NE: Unschlüssigkeit,Haltlosigkeit,Ernüchterung,Trennung
130 JU/AS-SA: Entfremdung,Trennung,gern wieder allein sein
131 JU/AS-NE: Unerfüllte Hoffnungen,Enttäuschungen
132 JU/MC-SA: Unzufriedenheit, sich trennen
133 JU/MC-NE: Vergehendes Glück, sich ärgern,Enttäuschung,Verlust
134 SA/UR   : Gespanntes Verhältnis,sich gegen Bevormundung des Part-
              ners wehren,sich frei machen wollen, sich trennen
135 SA/NE   : Seelenqualen,Krankheit in der Ehe
136 SA/PL   : Entsagung, Trennung
137 SA/MK   : Absonderung,Vereinsamung,Kontaktlosigkeit,Trennung
138 SA/AS   : Sich absondern,sich trennen,Abschied nehmen
139 SA/MC   : Schwierigkeiten,Trennung
140 UR/PL-SA: Trennung (durch höhere Gewalt)
141 UR/MK-SA: Gemeinsame Schwierigkeiten,sich trennen
142 UR/MK-NE: Täuschung,Untergrabung einer Verbindung
143 UR/AS-SA: Sich plötzlich gehemmt,bedrückt fühlen, Trennung
144 UR/AS-NE: Untergrabung eines Verhältnisses
145 UR/MC-SA: Trennung wegen Gefühlskälte,Engherzigkeit,Egoismus
146 NE/MK   : Falsche Vorstellungen von einer Verbindung,Enttäuschung
147 NE/AS   : Trennung wegen Vertrauensmißbrauch,Falschheit,Untreue
148 NE/MC   : Schwerwiegende Enttäuschung
149 PL/MK-SA: Mangel an Anpassung,Auflehnung gegeneinander,Trennung
150 PL/MK-NE: Wegen Lug und Trug die Gemeinschaft aufgeben.
151 PL/AS-SA: Unter dem anderen seelisch leiden,sich trennen
152 PL/AS-NE: Falschheit erleben, sich trennen
153 PL/MC-NE: Schwere Enttäuschung erleben durch falsche Vorstellungen
154 MK/AS-SA: Absonderung,Trennung
155 MK/AS-NE: Untergrabung der Verbindung durch Falschheit,Untreue
156 MK/MC-SA: Sich zurückziehen,sich trennen
```

157 MK/MC-NE: Ernüchterung durch Falschheit,Enttäuschungen
158 AS/MC-SA: Sich gehemmt fühlen, sich trennen
159 AS/MC-NE: Sich in der Umwelt nicht wohl fühlen,durch andere seelisch leiden,Enttäuschung, Trennung.

III. Geburten, Fehlgeburten, Totgeburten

160 SO/MO-JU: Gemeinsames Glück,Zeugung,Geburt
161 SO/MO-SA: Gemeinsames Leid
162 SO/VE-MA: Zeugung,Geburt
163 SO/MA   : Zeugungswille
164 SO/MA-VE: Liebestätigkeit,Zeugung,Geburt
165 SO/MA-UR: Aufregendes Ereignis
166 SO/JU   : Gemeinsames Glück
167 SO/JU-MO: Glückliches Erleben von Mann und Frau
168 SO/JU-VE: Liebeserfolg,Zeugung,Geburt
169 SO/JU-MA: Gesundes Triebleben,der glückliche Mann
170 SO/JU-MK: Gemeinsames Glück
171 SO/SA-MA: Traurig sein
172 SO/UR-VE: Plötzliches Liebeserleben,Zeugung,Geburt
173 SO/MK-MA: Triebhafte Verbindung,Zeugung
174 MO/VE   : Hingabe,Zeugung,Geburt
175 MO/VE-SO: Frucht der Gattenliebe
176 MO/VE-MA: Mutterschaft erreichen wollen, Geburt
177 MO/VE-JU: Mutterschaft,Geburt
178 MO/VE-SA: Schwere Geburt
179 MO/VE-UR: Plötzliche Mutterschaft,Geburt
180 MO/VE-NE: Falsche Hoffnungen
181 MO/VE-PL: Mutterschaft erzwingen wollen,Geburt
182 MO/VE-MC: Mutter werden
183 MO/MA   : Mutterschaft
184 MO/MA-SO: Verbindung zwischen Mann und Frau,Zeugung,Geburt
185 MO/MA-VE: Mutter werden wollen
186 MO/MA-NE: Kranke Zeugungsorgane,Infektion,falsche Hoffnung
187 MO/MA-PL: Störungen im weiblichen Organismus
188 MO/MA-MC: Heirat,Zeugung,Geburt
189 MO/JU   : Glückliche Frau und Mutter
190 MO/JU-SO: Eheglück
191 MO/JU-VE: Liebeserfolg
192 MO/JU-UR: Glückliche Zeugung,Geburt
193 MO/JU-NE: Schwache Hoffnung
194 MO/SA   : Alleinstehende oder kranke Frau oder Mutter
195 MO/SA-SO: Erschwerte Geburt,traurig sein
196 MO/SA-VE: Verzicht,Enttäuschung
197 MO/SA-MA: Gefahr für Mutter und Kind
198 MO/SA-UR: Plötzliche Gefahr,seelisches Leid
199 MO/SA-NE: Angst vor der Geburt,seelisches Leid
200 MO/SA-PL: Organisches Leiden der Mutter
201 MO/SA-MC: Krank oder traurig sein
202 MO/UR   : Ausbleiben der Periode,Störung der Periode,Nervenüberreizung
203 MO/UR-MA: Verletzung,Aufregung,operative Geburt

```
204 MO/PL-MA: Verletzung
205 MO/AS-UR: Plötzliches Ereignis einer Frau
206 ME/UR-MA: Verletzung
207 VE/MA-SO: Zeugung,Geburt
208 VE/MA-MO: Mutterschaft
209 VE/MA-ME: Sich Nachkommenschaft wünschen
210 VE/MA-JU: Erfolg der Geschlechtsverbindung,Zeugung,Geburt
211 VE/MA-SA: Verneinung der Geburt,schwere Geburt,kranke Organe
212 VE/MA-UR: Plötzliche Geburt,operative Geburt,Vergewaltigung
213 VE/MA-NE: Enttäuschung,Infektion bei Geburten
214 VE/MA-PL: Vergewaltigung,tragisches Geschehen,schwere Geburt
215 VE/MA-MC: Zeugung,Geburt
216 VE/JU-SO: Glück in der Ehe
217 VE/JU-MO: Glückliche Mutter
218 VE/JU-MA: Zeugung, Geburt
219 VE/JU-SA: Zerstörte Hoffnung
220 VE/JU-UR: Plötzliches Glück in der Liebe,Geburt
221 VE/JU-PL: In der Liebe glücklich sein
222 VE/JU-MC: Sich aus Zuneigung verbinden,Zeugung,Geburt
223 VE/SA   : Liebesleid,Krankheit weiblicher Organe
224 VE/SA-SO: Organische Störungen,schwierige Geburt
225 VE/SA-MO: Erkrankung in der Schwangerschaft
226 VE/SA-MA: Geschwächte Zeugungskraft
227 VE/SA-UR: Unterleibskrankheiten
228 VE/UR   : Geburt
229 VE/UR-MA: Geburt (Operation)
230 VE/UR-SA: Schwere Geburt
231 VE/UR-NE: Gefahr der Infektion bei einer Geburt
232 VE/UR-PL: Gefahren bei einer Geburt,operative Geburt
233 VE/UR-MC: Zeugung, Geburt
234 VE/PL   : Zeugung (Vergewaltigung),Geburt
235 VE/PL-MO: Mutterschaft
236 VE/PL-MA: Gefühlsrohheit,Vergewaltigung,Geburt
237 VE/PL-JU: Geburt
238 VE/PL-SA: Tragisches Geschehen,schwere Geburt
239 VE/PL-MC: Zeugung,Geburt
240 MA/JU   : Frohes Ereignis,Geburt
241 MA/JU-SO: Glücklicher Tag, Geburt
242 MA/JU-MO: Mutterschaft
243 MA/JU-VE: Zeugung,Geburt
244 MA/JU-SA:    Schwere Geburt,Verzögerung der Geburt
245 MA/JU-UR: Plötzliche Geburt
246 MA/JU-NE: Komplikationen,Infektion bei der Geburt
247 MA/JU-PL: Geburt
248 MA/JU-AS: Geburt
249 MA/JU-MC: Geburt
250 MA/SA-SO: Schwere Geburt (Totgeburt)
251 MA/SA-MO: Schwere Geburt mit Lebensgefahr
252 MA/SA-UR: Lebensgefahr
253 MA/SA-PL: Schwere Geburt,Lebensgefahr
254 MA/UR   : Operative Geburt ,bes.=SO,MO,VE,SA,PL
255 MA/UR-JU: Glückliche Geburt bei operativem Eingriff
```

256 MA/NE-SO: Infektionsgefahr, Schwäche
257 MA/NE-MO: Infektionsgefahr, Krankheit der Mutter, Entzündung d. Brust
258 MA/NE-SA: Krankheit, Schwäche, Schwierigkeiten bei einer Geburt
259 MA/NE-PL: Gefahrvolle Geburt
260 MA/PL   : Operative Geburt, bes.= SO, MO, VE, SA, UR, MC
261 MA/MC-JU: Große Freude , etwa bei einer Geburt
262 SA/NE-VE: Kranke Mutter, schwere Geburt
263 UR/PL-MA: Verletzung, operative Geburt
264 UR/MC-MO: Geburt
265 UR/MC-VE: Geburt
266 UR/MC-MA: Geburt, Operation
267 NE/MK-MA: Mit anderen Kranken zusammensein, Klinikaufenthalt
268 PL/AS-MA: Verletzung, Operation
269 AS/MC-JU: Gemeinsame Freude

IV. Unfälle, Verletzungen, Operationen

270 SO/MA-UR: Überspannung der Kräfte, Verletzung, Unfall
271 SO/MA-PL: Gewalttätigkeit erleben
272 SO/SA-MA: Krise, Unfall, Verletzungen
273 SO/UR   : Verbindung mit Unfällen, Katastrophen
274 SO/UR-MA: Unfall, Verletzung, Operation
275 SO/UR-PL: Körperliches Erleiden
276 SO/AS-UR: Plötzliche Erlebnisse
277 MO/MA-UR: Plötzlicher Eingriff, Verletzung
278 MO/UR-UR: Verletzung, Operation, Unfall
279 ME/MA-UR: Operation, Eingriff
280 ME/SA-UR: Verletzung oder Unfall auf Reisen
281 ME/UR-SO: Plötzliche Zwischenfälle
282 ME/UR-MA: Verletzung, Unfall durch Nervosität
283 VE/UR-MA: Eingriff, Operation
284 MA/SA   : Gewalttaten, Unfälle bes.= UR, PL, MC
285 MA/UR   : Unfälle, Verletzungen, Operationen = SO, MO, ME, VE, MA, SA, PL, MC
286 MA/PL   : Gewalt, Brutalität, Unfall, Verletzung, Operation, besonders
              = SO, MO, ME, VE, SA, UR, AS, MC
287 MA/AS   : Verletzungen (durch Streit, im Kampf)
288 MA/AS-UR: Unfall, Verletzung
289 MA/AS-PL: Gewalttat, Verletzung, Unfall
290 JU/SA-UR: Unfall, Verletzung, Autopanne
291 SA/UR-MA: Gewalttat, Unfall, Verletzung
292 SA/UR-PL: Gewalttat, Unfall, Verletzung
293 SA/NE-MA: Krankheit, evtl. Operation
294 SA/PL-MA: Brutalität, Gewalttat, Mißhandlung, Verletzung
295 UR/NE-MA: Mangel an Widerstandskraft, fehlgeleitete Energie, Unfall
296 UR/PL-MA: Verletzung, Unfall
297 UR/AS   : Unfallsgefahr, = MA verwundet werden.
298 UR/MC-MA: Streit, Unfall, Verletzung, Operation
299 PL/AS-MA: Waghalsigkeit, Gefahr, Unfall
300 PL/AS-UR: Aufregungen, Unfall

Verfasser bittet dringend, diese Entsprechungen in erster Linie für zurückliegende Ereignisse zu benutzen, keinesfalls aber auf einer solchen Aussage allein eine Prognose zu stellen.

V. Krankheiten

Es muß grundsätzlich betont werden, daß eine Krankheitsdiagnose allein auf Grund der kosmischen Konstellationen n i c h t gestellt werden kann und auch nicht gestellt werden darf. Hierfür ist der Arzt zuständig. Einzelne Richtlinien enthält die KdG und zwar jeweils auf der rechten Seite des Kompendiums. Krankheiten stehen sehr häufig in Verbindung mit SATURN/NEPTUN. Man wird weiterhin die Feststellung machen, daß sich folgende Entsprechungen ergeben:

301 SO-Verbindungen: Allgemeiner Gesundheitszustand, Herz- und Kreislauferkrankuñgen,
302 MO-Verbindungen: Flüssigkeitshaushalt des Körpers, Blutserum, Lymphe, Frauenkrankheiten, zuweilen Kleinhirn
303 ME-Verbindungen: Nerven, Sinnesorgane, bes. Sprach- u. Hörorgane
304 VE-Verbindungen: Drüsenerkrankungen, bes. Nieren betreffend, ferner Venenleiden, Frauenkrankheiten
305 MA-Verbindungen: Entzündungskrankheiten, Muskeln, teils Sexualfunktionen (mit VE)
306 JU-Verbindungen: Blut, Ernährungsfunktionen, Dickenwachstum, Leber, Galle, Lunge
307 SA-Verbindungen: Verhärtungen, Steinbildungen, Knochenleiden, Entwicklungshemmungen
308 UR-Verbindungen: Störungen der rhythmischen Abläufe, Beziehungen zum Nervensystem, Hirnhaut, Rückenmark
309 NE-Verbindungen: Infektionen, Lähmungen, Schlaffheit der Organe, Sonnengeflecht, Zirbeldrüse.
310 PL-Verbindungen: Störungen der Regeneration, Krankheiten durch Gewaltanwendungen (Krieg, Verkehrschaos, Katastrophen), Verlust von Gliedern
311 AS-Verbindungen: Krankheiten, die sich durch die Umwelt ergeben, z.B. durch Familienverhältnisse, Ärger oder Zurücksetzung im Beruf.
312 MC-Verbindungen: Ich-Krankheiten, d.h. Leiden, die sich durch eine gehemmte Entfaltung
313 MK-Verbindungen: MK ist weniger krankheitsbezüglich, sondern ist dort mit beteiligt, wo es sich um gemeine Erkrankungen, Aufenthalt im Krankenhaus, Zusammensein mit kranken oder schwachen Personen handelt.

VI. Erfolge

314 SO/MO-JU: Gemeinsamer Erfolg von Partnern
315 SO/ME-JU: Erfolg als Redner, Schriftsteller, Organisator
316 SO/MO-MA: Erfolgreiche Tätigkeit
317 SO/JU-ME: Anerkennung, erfolgreicher Abschluß
318 SO/JU-VE: Erfolg in der Liebe oder in der Kunst
319 SO/JU-MA: Erfolg durch eigenes Verdienst, angestrengte Arbeit
320 SO/JU-UR: Plötzlicher erfolg, glückliche Wendung
321 SO/JU-PL: Großer Erfolg, Reichtum erwerben
322 SO/JU-MK: Erfolg durch andere, durch Protektion
323 SO/JU-AS: Gemeinsame Erfolge
324 SO/JU-MC: Glück in eigenen Unternehmungen

325 SO/UR-JU: Erfolg durch Erfindungen,Reformen,neue Erkenntnisse
326 SO/PL   : Sich als Führernatur durchsetzen
327 SO/PL-JU: Erfolgreiches Machtstreben,sich durchsetzen
328 SO/MK-JU: Anerkennung,Erfolge in der Öffentlichkeit
329 SO/AS-JU: Gemeinsame Erfolge, öffentliche Anerkennung
330 SO/MC-JU: Das eigene Ziel erreichen
331 MO/VE-JU: Erfolge in der Kunst
332 MO/JU-ME: Erfolg durch Rede oder Schrift
333 MO/JU-VE: Erfolge in der Kunst
334 MO/JU-MA: Erfolg durch eigene Arbeit
335 MO/JU-UR: Plötzliches Glück
336 MO/JU-PL: Materieller Erfolg
337 MO/UR-JU: Glückliche Hand in Unternehmungen
338 MO/NE-JU: Künstlerische Erfolge
339 MO/PL-JU: Glückszufall,Erfolg
340 MO/MK-JU: Erfolg in gemeinsamen Bestrebungen
341 ME/VE-MA: Erfolg durch schöpferische Energie
342 ME/VE-JU: Künstlerische Erfolge
343 ME/MA-JU: Erfolg als Kritiker,Denker,Redner
344 ME/JU-MA: Erfolg in Verhandlungen
345 ME/JU-UR: Erfolg als Redner,Werbefachmann,Organisator
346 ME/JU-PL: Beeinflussung der Masse durch Rede oder Schrift,Erfolg
347 ME/JU-MC: Erfolg als Redner,Schriftsteller,Wissenschaftler,Kaufman
348 ME/UR-JU: Erfolg durch richtiges Erfassen der Lage
349 ME/PL-JU: Erfolg als Redner,Lehrer,Diplomat
350 ME/PL-MK: Andere Menschen geistig beherrschen
351 ME/PL-MC: Erfolgreiche Dispositionen
352 ME/MK-JU: Erfolgreiche Geschäftsverbindung
353 ME/AS-JU: Erfolgreiche Verhandlungen,Abschlüsse
354 VE/JU-PL: Erfolg durch Charme und Beliebtheit
355 VE/UR-JU: Künstlerische Erfolge
356 VE/PL-ME: Erfolge auf künstlerischem Gebiet
357 VE/PL-JU: Schöpferische Kräfte,künstlerische Tätigkeit führen zum
            Erfolg
358 MA/JU   : Erfolgreiche Unternehmungen,gute Abschlüsse, berufliche
              Anerkennung und Erfolg
359 MA/JU-SO: Erfolg durch eigene Tätigkeit,durch Unternehmungen oder
              organisatorische Tätigkeit
360 MA/JU-MO: Gefühlsmäßig richtige Entscheidungen treffen
361 MA/JU-ME: Erfolge durch Planreichtum,Organisation
362 MA/JU-VE: Erfolg auf künstlerischem Gebiet
363 MA/JU-PL: Erfolg in großen oder ungewöhnlichen Unternehmungen
364 MA/JU-MC: Günstige Abmachungen treffen,persönliche Erfolge
365 MA/UR-JU: Erfolgreiche Operation
366 MA/PL-JU: Ungewöhnliche Erfolge bei großer Anstrengung
367 MA/PL-MK: Gemeinsame Erfolge bei Rekordleistungen
368 MA/MK-JU: Erfolge durch Zusammenarbeit
369 MA/MK-PL: Erfolgreiche gemeinsame Leistung
370 MA/MC-JU: Erfolgreiche Unternehmungen
371 JU/UR   : Glückliche Lebenswendungen,   Erfolge
372 JU/UR-ME: Berufliche Erfolge
373 JU/UR-MA: Erfolge durch rasche Entschlossenheit

374	JU/PL :	Zur Führerschaft gelangen,soziale Besserstellung erreichen, Standeserhöhung, Machtposition
375	JU/PL-SO:	Außergewöhnliche Körper- oder Geisteskraft mit Erfolg einsetzen
376	JU/PL-MO:	Erfolge auf sozialem,psychologischem Gebiet, Massenbeeinflussung
377	JU/PL-ME:	Erfolg durch Rede oder Schrift,erfolgreiche Werbetätigkeit
378	JU/PL-MA:	Erfolge durch eigene Leistung oder Organisation
379	JU/PL-MK:	Gemeinsamer Erfolg
380	JU/MK :	Mit anderen Menschen Vorteile erzielen
381	JU/MK-MA:	Erfolgreiche Zusammenarbeit
382	JU/MK-PL:	Vorteilhafte Beziehungen zu anderen Personen
383	JU/AS :	Erfolgreiche Bekanntschaften,Protektion,Anerkennung
384	JU/AS-MA:	Gute Zusammenarbeit, gemeinsame Erfolge
385	JU/AS-UR:	Günstige Umgestaltung der Verhältnisse
386	JU/AS-PL:	Einfluß auf viele Menschen ausüben
387	JU/MC :	Persönliche Erfolge,soziale Besserstellung,neue Position
388	JU/MC-SO:	Erfolgreiches Zielstreben,gute Verhältnisse erreichen
389	JU/MC-ME:	Erfolg in großzügigen Vorhaben,gute Verbindungen
390	JU/MC-VE:	Künstlerische Erfolge
391	JU/MC-MA:	Erfolge durch eigene Leistung
392	JU/MC-PL:	Ungewöhnliche Leistungen und Erfolge ,Gewinne erzielen
393	JU/MC-UR:	Erfolgreiche oder günstige Lebensumstellung
394	UR/PL-JU:	Erfolge auf sozialem,religiösem,weltanschaulichem Gebiet, erfolgreiche Neuerungen durchführen
395	UR/AS-JU:	Plötzlicher Kontakt,rasche Wendung,Umgestaltung der Verhältnisse
396	UR/MC-JU:	Plötzliche Freude erleben,anerkannt werden
397	NE/PL-JU:	Erfolge auf Grenzgebieten der Forschung,neue Erkenntnisse gewinnen,Ziele auf religiösem Gebiet erreichen
398	PL/MK-JU:	Durch andere zur Geltung kommen,zu Anerkennung zu Macht kommen
399	PL/AS-JU:	Günstige Lebenswendung,Erfolge oder Gewinne erzielen
400	PL/MC-JU:	Ungewöhnliche Erfolge,Macht ausüben
401	PL/MC-MK:	Eine Gemeinschaft beeinflussen,Führerschaft erreichen
402	PL/MC-AS:	Anerkannt,berühmt werden
403	AS/MC-JU:	Sich beliebt machen, Erfolge erzielen
404	AS/MC-PL:	Starken Einfluß auf andere Menschen gewinnen

Die verschiedenen Aussagen aus den Konstellationen stimmen teilweise mit der KdG überein, weichen aber auch in vielen Fällen ab,wo die Hinweise auf die speziellen Gebiete ausgerichtet wurden. Es muß besonders betont werden, daß diese Entsprechungen keineswegs immer wörtlich zu nehmen sind, sondern nur richtungweisend sein wollen. Es sei auch nochmals betont, daß eine einzige Konstellation selten allein maßgebend ist, sondern eine solche durch andere Direktionen und Transite jeweils bestätigt werden muß.

ERLÄUTERUNGEN

SO=Sonne	VE=Venus	SA=Saturn	MK=Mondknoten
MO=Mond	MA=Mars	UR=Uranus	MC=Medium coeli/Meridian
ME=Merkur	JU=Jupiter	NE=Neptun	AS=Aszendent

WESENTLICHE KONSTELLATIONEN IN DEN BEISPIELEN

Bsp	Abb.	Ereignis	Konstellationen
1	1	Wohnungswechsel	☉v = 0°♌
2	2	Trennung d.Eltern	☉v = 0°♓
	3	Zielbewußtes Handeln	☉v = 0°♈
3	4	2 mal Wohnungswechsel	☉v = 0°♒ , ☉v = 0°♓
4	5	Operation	♅v = ♂
5	6	Trennung v.d.Heimat	♄v = ☊
6	7	Von d.Frau verlassen	☽v = ♆, ♆v = ♂/♃
7	7	Tod der Mutter	♂/♄v = ☽
8	8	Liebesehe	☽v = ♀
9	9	Heirat	☽v = ☉
9	9	Verwundung	☉v = ♂
10	12	Tod des Vaters	♇v = Mv = ☽/♄, ♆v = Mr = ♅/♆
	13	Tod des Vaters	♅v = Av = ☉/♄
11	14	Plötzliche Heirat	☿v = ♀ = ☉, ♃v = M = ♇, ♂v = ☿ = ♀/♂
12	15	Plötzliche Heirat	♇v = ☉/♃v = ♅v = ♀/♅ = ♂/♅, ♂v = ☊
13	16	Heirat J.F.Kennedy	☉v = ☊ = ☉/♂, ♀v = ☽v = AS, ☿v = ♂/♃v = ♀/♆
14	17	Heirat Jaqu.Kennedy	☊v = ♃ = ♂/A, ♀v = ♅, ♇ = ♂/☊ = ♆, ♂v = ☉/♃
15	18	Heirat Petra Krause	☉v = ♀ = ☿, ♀v = ☿v = ☉/♃, ♇v = ♃/☊
16	19	Heirat Gudula Blau	♀v = ♇ = ♀/♅
		Trennung	☉v = ♆ = ♅/♇
17	20	Heirat Elly Beinhorn	♀v = ☉ = ♂/☊
18	21	Heirat A.Armstrong-J.	♀v = ♃ = ♀/♂ = ☉/♆, ♂v = ♀
19	22	Heirat Margr.Rose	♂v = ☽, [☉v = ♂/M.]

Bsp	Abb.	Ereignis	Konstellationen
20	23	Heirat Eva Bartok	♃v = ♆v = ☉ = ♀
21	24	Heirat Farah Diba	♆v = ♃ = ♀/♅, ♃v = ♀/♂
22	25	Heirat J.D.Profumo	♀v = ♂ = ♃/♆
		Skandal Profumo	♀v = ☉ = ♀/♄
23	26	Christine Keeler	☉v = ♀/♆, ♀/♆v = ♅
24	27	Gerda Munsinger	♆v = ♀ = ♃/♅ = ☉/♅, ☉v = ♃v = ♀/♆v = ♅
25	--	Helga Matura	☉v = ♀/♆v = ♀/♃
26	28	Heirat Katharina	♄v = ☽ = ♆ = ♂ [= ♇v]
27	29	Heirat Elisabeth	♇v = ♄ = ☽/♀
28	30	Heirat m.Sadisten	♀v = M, ☉v = ♀ = ☽v = ♇v, ♂v = ♇ = ♄
	31	Heirat des Sadisten	☉v = ♇, ♆v = ♂ = ♀/♇
		Kontakt - Kosmogramm	☉m = ☉w = ♄m = ☽♇w
29	32	Scheidung i.Bergman	♄ ♇d = ♇v = AS = ♂/☊ = ♇/M, ☉v = ♀ = ☽/♄
30	33	Trennung R.Schneider	☉v = ☽v = ♀v = ♂ = ♄/♆, Mv = ♇ = ☉/♂ = ♄/M
31	34	Trennung Soraya	♇v = ♆v = ☉ = ♅/♇, ♄v = ☽/♇
32	35	Scheidung B.Horney	♆v = ♀/♄, ♂v = ♀/♄
33	36	Arglist.Täuschung	☉v = ♆ = ☉/♄, ♆v = ♄ = ♀/M, ☿v = ♇v = M
34	37	Getäuschter Ehemann	☿v = ☽ = ♀ = ♇ = ♂/M = ♆v, Mv = A = ☽♀/♄
	38	Kontakt - Kosmogramm	w: ♆v = ♄ = ♀/M = ♂/♃, m: ♆v = ♇ = ♂/M = ☽/♀
35	39	Heirat Axel Broström	♇v = ☿ = ♄/♆, ♀♂v = ♀♂, ♄♆v = ♅
	40	Scheidung Broström	Mv = ♅ = ♄♆
36	41	Trennung sinnlose Ehe	♃v = ☉, ♇v = ♀, ♂v = ♇ = ♀/♅
	42	Ehemann	☿v = ☉ = ♄♇ = ♆/☊
37	43	"Saturnnische Ehe"	Mv = ♄, ♀/♂v = ♄
38	44	Vorausbestimmte Geburt	☉v = ☽, ♄v = ♂/♆, ♂♆v = ☊, ☿v = ♂/♃
	45	Graphische Darstellung	♆L = ☽L = ♀/♃L = ♀♅, ♂L = ☿☽, ♀L = ♃M

Bsp	Abb.	Ereignis	Konstellationen
39	46	Eva Bartok, Geburt	☿v = ♅ = ♂/♃, Mv = ♀ = ☉ = ♄/♇ ☉v = ♀v = ☉/♂, ♆v = ☽/♀, ☽v = ♀/♂ = ☉/♃
	47	Eva Bartok, Geburt/2	♂/♃ !Fd = ♅, ♃ + ☉ !Fd = AS, ♀ !Fd = MC ♆ !Fd = ♃
40	48	Romy Schneider, Geburt	♂/♃v = ☉ = ☽ = ♀, ♆v = ♂/♅, ☉v = ♀v = ☽v = ☉/M
	49	R. Sch. Zeugung, Heirat Geburt	♆ = ♀/♄, ♀ = ♆, ♃ = ♇, - ♂ = ☊ = ♃/♅ ♂ = ☽ = ☉ = ♂/♃
41	50	König. Juliane, Geburt	♂v = ☽, ☽v = ♂/♃, MCv = ♀/♅
42	51	Prinz. Margret Rose, Geb.	♂v = ☿v = ☽
43	52	Künstlich gezeugt. Kind	♅v = ♃ = ♂/♆, ☿v = ♂ = ♀/♄, ♄v ♇ ♀
44	53	Absichtl. Fehlgeburt	MCv = ♀ = ♅, ♆v = M = ☽/♇, ☉v = ♃ = ♂/♆
45	54	Jaqu. Kennedy, Geburt	♃v = ♅ = ☽/♄, ♄v = ☽ = ♂/♃ = ♄/♇, ♅ = ♂/♅
	55	J. K. Graph. Darstellung	♂ = ♅, ♆ = ☽, ♇ = ♂/♅
46	56	Fehlgeburt, Trag. Gesch.	♅v = Av = ♅/♇, ☉v = ♃/♅ = ♇
	57	Fehlg. graph. Darstell.	♆ = ☿, ♄ = MC, ♅ = ♅ - A, ♃ = ♅/A
	58	Seelische Erschütterung	♆v = ☿ = ☽ = ♆
47	59	Elke Sommer, Fehlgeburt	MCv = ☊ = ♂/♇, ♅v = ☊v - A = ☽♆, ♄ = ☉/♇
48	60	Schwangerschaftsunterbr.	♄v = M = ♀/♅, ♂v = ♃ = ♆v = ♀/♄
49	61	Entwicklung gehemmt. K.	♆v = ☽ = ♇ = ♀/♂, ♀v - AM
50	62	Geb. Contergan-Kind/Mutt.	♄v = ☉ = ♇/♆ = ♀ = ♆v, ♅v = ☽ = ♂
	63	Geb. Contergan-Kind	M = ♇/♆, =
	64	Geo- u. helioz. Kosmogr.	♆v = ♀ = ⊕, ♄v = ⊕, ⊕v = ♄
	65	Einnahme v. Contergan	♄ = ♆♄, ♃ = ♆♄, ♇ = ☿
	66	Geb. d. Contergan-Kindes	♄ = ♆, ♇ = M, ♅ = ♂
51	67	Totgeburt	♄v = ♂, ♆v = ♇ = ♂/♄, ♀v = ♄
52	68	Totgeburt	☽/♄v = ♆, ♅v = A, ♆v = ♂
53	69	Auto-Unfall	♂♅v = ♆, ♄v = MC, ☿v = ♄
	70	Auto-Unfall, graph. Darst.	♂ = ♆, ♅ = ♅, ♂/♄ = ♇, ♂/♇ = ☉

Bsp	Abb.	Ereignis	Konstellationen
54	71	Auto-Unfall	♂v = ♆v = MC, ⛢/♇ = ♄/♇, = ⛢/♇ = ☿/♇
55	72	Flugzeug-Absturz	♄v = MC = ♂/♇, ☽v = ♇ = ⛢/MC
	73	Graphische Darstellung	♆ = ♂ = MC, ☿ = ⛢ = ♇ = ♆ = ♂, ♂/♄ = ♇
56	74	Tödlicher Sturz v.Pferde	⛢v = ♂/♄, ♂/♄v = ♃, ⛢ = ♇ = ♄ = ☉/♆
57	75	Unfallstod durch Lastauto	♆v = ☉ = ♂/♄v = ⛢/♇, ♂/⛢ = AS
58	76	Tod durch Schlagwetter	MCv = ♂/♆, = ☊,
59	77	Kopf d.Auto zerquetscht	♂/♄v = ⛢ = ♂/♇, ♇v = MC = ☽/⛢, ☉v = ♄
	78	Zu Unfällen B.76-78	♂/⛢ 4d = ☊76 = ♂77 = ♂/♄78
60	79	Zuckerkrankheit	☉v = MC = ♂/♇, ♂v = ☊ = ☽/♇, ♃v = ☉/♄
61	80	Kinderlähmung	♄v = MC = ⛢/♇, MCv = ♄/♇ = ♀/♄, ♇v = ☉
62	81	Blinddarm-Operation	⛢v = MC = ☉ = ♄ = ♂/♇, ♂/⛢v = ♄, MCv = ♂/♆
63	82	Galle - Prostata - Leiden	MCv = ☉/♂ = ☉/♄, ☽v = ♄/MC = ♂/MC
	83	Gallenoperation	♂/⛢ = ☿, ♂/♆ = ♇ = ♃, ⛢ = ♇ = AS = ♆ = ♇
	83a	Prostata-Operation	♀v = ☿ = ☉/♄ = ☉/♂, ♂♄ = AS, ⛢ = ☊ = ♂/⛢
64	84	Lungentuberkulose	☽v = ♇v = ☉v = ♄ = ♃, ⛢v = ♆v = ♂ = ⛢/♇ = ♂/♇
	85	tbc - heliozentrisch	♂v = ♇ = ♄/⛢ = ♂/♇, ♇⊕v = ♄, ♃v = ♇⊕
	86	Graphische Darstellung	⛢ = ♇ = ♄ = M, ♄/♇ = MC, ♄ = ♄ = ♃ = ☉♇
65	37/88	Nierenkolik	♀⛢v = ♇ = MC = ♀/♂ = ♂/⛢, ♆v = ♃ = ♀/♄ = ♄/⛢
66	89	Multiple Sklerose	♇v = ♄ = ☉☽ = MC, ⛢v = ♆ = ☽/♇, ♇ = ♆ = ☉ = MC
67	90	Penicillin-Krankheit	☿v = ♇ = ♂/♆, ☽♄v = ♂/♇ = AS
	91	Graphische Darstellung	♆ = ☽/♄ = ♂/♇, ♂/♇ = ♂ = ☽ = ♄ = ♇, ♄ = ♀
68	92	Wahnvorstellungen	♆v = MC = ☉/♇, ♄v = ♀ = ☉, ☉v = ♀v = ⛢
69	93	Depression/Petra Krause	⛢v = ♄, ☉v = ♆v = ♄/♇ = ♂/♇v, ♇v = ♂/⛢
	94	Graphische Darstellung	♃ = ♄ = ♄, ♇ = ♇ = ⛢/♆
70	95	Selbstmordversuch, BB	☉v = ⛢ = ♂/♄v, ♆v = ♄ = ⛢/♇
	96	Graphische Darstellung	♂ = ☉ = ♂/♄, ♇ = ☊, ♄ = MC

Bsp.	Abb.	Ereignis	Konstellationen
71	97	Berufsveränderung	♃v = ☉MC, ☿v = ♅ = A, ♄v = ☿
	98	Graphische Darstellung	♃ = ☿♀, ♅ = ☊, ♃ = ☉, MC, ♂, ♅ = ☊
72	99	Weltmeisterschaft M. Sch.	MCv = ☉, ♂♇v = ☊, ♃v = ☽, ♅v = ☉
73	100	Europameister Scholz	☉v = MC, ♂v = ♇, MCv = ♂/♃
74	101	Erfolgszeit Kilius	MCv = ♃, ♃v = ♇, ♅v = ☿, ♂v = ♅
75	102	Erfolgszeit Bäumler	♃v = MC, ♇v = ♅ = ☉/☊ = ♂/☊
76	103	Erfolg R. Schneider	♇v = ♀ = ☉☽, ♃v = ♂ = ♃/A, = ☉/☊
77	104	Erfolg H. Buhl	MCv = ☉☽ = ♀ = ♇v = ♃/♇, ☊ = ♅
	105	Rekordleistung Buhl	♂ = ♇ = MC, ♃ = ☿♃, ☊ = ♅, ☉ = ♇ = MC
	106	Todesdirektionen Buhl	♂v = ☉☽ = ♂/♄, ☉☽v = ♄ = ☉☽/♂
	107	Jahreskurve, Tod Buhl	♇ = ♇ = ☉/♄, ♇v = MC, ♆ = ♄
78	108	Großindustrieller Flick	♃ = ♂ = ♇, ☊ = ♂/♃ = ♃/♇
	109	Beginn des Aufstiegs	♃v = ☊ = ♂/♃ = ♃/♇, ♅v = ♃, ☊v = ♂♇
	110	Zweite Erfolgsstufe	Av = ☊ = ♂/♃ = ♃/♇, ♅v = ☉ = ☿/☊
	111	Verhaftung v. Flick	♄v = ☊ = ♂/♃ = ♃/♇, MCv = ☽v = ♄, ☉v = ♅
	112	Neuer Aufstieg Flick	♂♇v = ☊ = ♂/♃ = ♃/♇, ☉v = ☊, ♃v = ♅
79	113	Auto-Industr. Borgwardt	Av = ☉, MCv = ☽v = ☉/♇, ☿v = ☊ = ☽/♃
	114	Zerstörung des Betriebes	♆v = ♄, ♇v = ♂
	115	Erfolgswagen "Hansa"	♇v = ♃ = ☿/♅, ♃v = ☉, ☊v = ☿
	116	Zusammenbruch d. Firma	♇v = ☉ = ♂/♆, ☉v = ♅, ♆v = ☉
	117	Borgwardts Tod	MCv = ☽v = ♂/♄, ☉v = ♂ = ♄
80	118	Gottlieb Duttweiler	♇v = ♃, ☉v = ☿♂, MCv = ♄, Av = ☊
81	119	F. v. Bodelschwingh	ASv = ♇, ♅v = ♃, ☿v = ♀
82	120	Henri Dunant	☉v = ♃, = ☉/☿ = ☉/♅, ♃v = ☉/☿v = ☉/♅v = ☉/♇
83	121	Alfried Krupp, Krise	♃v = ♄, ♄v = ♅ = ♂/♆ = ♄/☊, ♅v = MC = ☉/♄
	122	Jahresdiagramm	♆ ∠ ♅, ♄ □ ♅, ♆ ∠ ♂

Bsp.	Abb.	Ereignis	Konstellationen
84	123	O.R.Henschel	$\hbar\varphi_v = \sigma\!\!\!\!\nearrow / \delta_v = \hbar\varphi / \xi_v = \hbar/\varphi$
	124	Henschel, Verlust d.Werkes	$\hbar = \sigma\!\!\!\!\nearrow = \delta = \odot, \; \mathcal{H} = \hbar/\varphi, \; \mathcal{H}_\square \mathcal{H}$
85	125	Totogewinnerin Fahlen	$\odot_v = AS = \sigma\!\!\!\!\nearrow/\varphi, \; \mathcal{H}.'\mathcal{H} = \delta_o = '\varphi_v \; AS_v = \mathcal{H}$
86	126	Totogewinn-Italiener	$\varphi_v = \mathcal{H}, \; \odot_v = \varphi = \mathcal{H}/\varphi_v, \; \mathcal{H}_v = \odot$
	127	Graphische Darstellung	$\varphi = \varphi = \mathcal{H}/\mathcal{H}, \; \mathcal{H} = \sigma\!\!\!\!\nearrow$
87	128	Getty, Erfolg	$\sigma\!\!\!\!\nearrow_v = \mathcal{H} = \odot./\mathcal{L} = \sigma\!\!\!\!\nearrow/\delta, \; \mathcal{H}_v = \sigma\!\!\!\!\nearrow$
88	129	Farina/Erfolg	$\mathcal{H}_v = \sigma\!\!\!\!\nearrow, \; \sigma\!\!\!\!\nearrow_v = \mathcal{H}$
89	130	Mehnert,Reise,Erfolg	$\sigma\!\!\!\!\nearrow_v = \mathcal{H} = \odot/\delta = \xi/\varphi, \; \delta_v = \xi, \; \varphi_v = \odot$
90	131	Eugen Sänger/Erfolg	$\sigma\!\!\!\!\nearrow_v = \mathcal{H} = \xi/\mathcal{L}$
91	132	Pasc.Jordan,Erfolg	$\sigma\!\!\!\!\nearrow_v = \mathcal{H} = \xi/\varphi$
92	133	Fabiola, Standeserhöhung	$\mathcal{H}_v = \varphi = \xi/\sigma\!\!\!\!\nearrow$
93	134	Irene v.Holland, Heirat	$\mathcal{H}_v = \varphi = \varphi/\sigma\!\!\!\!\nearrow$
94	135	Karl Hugo v.Bourbon-P.	$\mathcal{H}_v = \varphi = \odot$
95	136	Annemarie v.Dänemark	$\mathcal{H}_v = \varphi$
96	137	Heidi Dichter, Standeserhg	$\odot_v = \mathcal{H}_v = \varphi$
97	138	Hitler wird Reichskanzler	$\varphi_v = \delta = \odot/\mathcal{H} = \mathcal{D}/\mathcal{M}$
98	139	Sukarno wird Präsident	$\varphi_v = \delta, \; \delta_v = \varphi$
99	140	H.Wilson, Führer d.Labour-P.	$\varphi_v = \delta = \xi/\sigma\!\!\!\!\nearrow = \sigma\!\!\!\!\nearrow/\mathcal{K} = AS$
100	141	Ollenhauer, 2.Vorsitz.d.SPD	$\varphi_v = \delta = \mathcal{D}/\mathcal{L} = \sigma\!\!\!\!\nearrow/\mathcal{H}$
101	142	W.Leonhard, Wandlung	$\delta_v = \varphi = \mathcal{H}_v$
102	143	Frenzel verhaftet	$\mathcal{H}_v = \sigma\!\!\!\!\nearrow = \xi = \varphi$
103	144	Helbig verhaftet	$\sigma\!\!\!\!\nearrow_v = \mathcal{H} = \hbar/\varphi$
104	145	Dr.Kreisky verhaftet	$\sigma\!\!\!\!\nearrow_v = \mathcal{H} = \xi/\hbar = \varphi/\mathcal{L}$
105	146	General Wolf verhaftet	$\sigma\!\!\!\!\nearrow_v = \mathcal{H} = \hbar/\varphi$
106	147	Rud.Augstein verhaftet	$\sigma\!\!\!\!\nearrow_v = \mathcal{H} = \odot/\mathcal{H} = \hbar/\delta$

-166-

Bsp.	Abb.	Ereignis	Konstellationen
107	148	Tod v.Dr.Stresemann	$\saturn_t = \odot = \mercury/\uranus$
108	149	Tod von Franz Werfel	$\saturn_v = \odot = \jupiter = \moon/\saturn$
109	150	Tod von Georg Trakl	$\saturn_v = \odot = \moon/\saturn,\ M_v = \saturn = \mars/\uranus$
110	151	Tod durch Salzsäure	$\saturn_v = \odot = \mars/\jupiter = \mercury/\saturn$
111	152	Tod d.Sohnes Skelton	$\saturn_v = \odot\jupiter = \venus = \mars/\uranus,\ \mercury_v = \uranus = \mars/\saturn$
112	153	Tod Bischof Deman	$\odot_v = \saturn\jupiter = \odot/\mercury$
	154	Jahreskurve Deman	$\earth = \odot,\ \uranus = \uranus,\ \uranus\sigma\odot$

LITERATURVERZEICHNIS

01) Günther Wachsmuth, Erde und Mensch, ihre Bildekräfte, Rhythmen und Lebensprozesse, Konstanz 1952,2.Auflage

02) Erich W.Stiefvater, Die Organuhr,Tagesperiodisches Akrivitätsdia - gramm des Menschen oder "Tao der Natur",Ulm 1959

03) Willy Hellpach, Geopsyche,Die Menschenseele unterm Einfluß von Wetter und Klima, Boden und Landschaft.4.Aufl.Leipzig,1935

04) Hermes Trismegistos, Die Lehre der 12 Häuser oder Orte,Aalen 1966.

05) Reinhold Ebertin, Kosmopsychologie, 2.Auflage, Aalen 1966

06) Reinhold Ebertin, Ereignis-Tabellen, Aalen 1959.

07) Reinhold Ebertin, Pluto-Entsprechungen zum Weltgeschehen und zum Menschenleben. Band I: Aspekte. Aalen 1965

08) Reinhold Ebertin, Magnetisches Arbeitsgerät,beschrieben in dem Buche "Angewandte Kosmobiologie",Aalen 1963 und 1965.

09) Reinhold Ebertin, Das Kontaktkosmogramm, Sonderdruck der Zeitschrift "Kosmobiologie", Aalen 1966

Ebertin Verlag · Freiburg im Breisgau

Reinhold Ebertin

Einführung in die Kosmobiologie

5. Aufl., 165 S. mit 1 Abb. und 81 Zeichn. kart.
ISBN 3-87186-060-3

Dieses Buch ist für den Laien gedacht, der die Berechnung, Zeichnung und Deutung eines Geburtsbilds (Horoskops, Kosmogramms) erlernen will. Schrittweise wird er mit den Positionen im Tierkreis, den Deklinationen, Strukturbildern, Aspekten, Transiten, Direktionen und graphischen Ephemeriden vertraut gemacht. Die Anleitungen zu den verschiedenen Lebensdiagrammen, die einen Überblick über den Lebenslauf ermöglichen, werden zu einem Ganzheitsbild des Lebens und zu einem Wegweiser besonderer Art.

Reinhold Ebertin

Angewandte Kosmobiologie

5. Aufl., 235 S. mit 93 Zeichn. kart. ISBN 3-87186-064-6

Angewandte Kosmobiologie ist ein Lehrbuch, das der täglichen Beratungspraxis des erfahrenen Forschers und Praktikers entstammt. Neben einer Vielzahl von Deutungen des Radix-Kosmogramms nimmt die Prognostik in der Arbeit des Autors einen breiten Raum ein. Die Bedeutung der Deklinationen, einem kaum beachteten Thema in anderen Schulen, gehört zum Forschungsbereich des Autors und wird am Lebensdiagramm Goethes in die Ausarbeitung mit einbezogen. Ein weiterer Arbeitsschwerpunkt Ebertins ist die »Kosmopolitik«, zu der er am Schluß des Buches Stellung nimmt. Dabei werden die wichtigen geozentrischen und heliozentrischen Gestirnpositionen bis zum Jahre 1990 angesprochen.

Ebertin Verlag · Freiburg im Breisgau

Ebertin Verlag · Freiburg im Breisgau

Reinhold Ebertin
Kombination der Gestirneinflüsse

13. Aufl., 297 S. mit 60 Zeichn., geb. ISBN 3-87186-050-6

Dieses seit über 45 Jahren erfolgreiche Deutungsbuch wurde im Laufe der Zeit zu einem international bekannten Standardwerk der psychologisch fundierten Bewertung des individuellen Geburtsbildes.
Die Stellung der Gestirne und anderer Deutungsfaktoren in den Tierkreiszeichen und Feldern, die Aspektverbindungen untereinander und vor allem die Halbsummen und kosmischen Strukturbilder werden in über 1100 Aussagekombinationen interpretiert. Diese Interpretationen können sowohl für die Auslegung des Geburtsbildes selbst als auch für Transite, Sonnenbogendirektionen und Progressionen verwendet werden.

Reinhold Ebertin
Kosmopsychologie

6. Aufl., 171 S. kart. ISBN 3-87186-001-8

Kosmopsychologie ermöglicht es dem Leser, die kosmische Sprache in die Begriffe der Psychologie und Charakterkunde zu übersetzen. Auf der Grundlage von statistischen Arbeiten hat der Autor hier eine Bewertung vorgenommen, die sowohl die Anlagen und Fähigkeiten als auch die Krankheitsdispositionen der einzelnen kosmopsychologischen Typen berücksichtigt. Über die Entsprechung der Gestirne leitet er dann zu einer sehr differenzierten Interpretation der einzelnen Faktoren in den Tierkreiszeichen über. Dieses Buch empfiehlt sich für Anfänger und Fortgeschrittene als wertvolle Arbeitshilfe.

Ebertin Verlag · Freiburg im Breisgau

Ebertin Verlag · Freiburg im Breisgau

Georg Hoffmann/Reinhold Ebertin
Die Bedeutung der Fixsterne

4. Aufl., 75 S. mit 7 Zeichn., kart. ISBN 3-87186-011-5

Die Positionen von 73 Fixsternen und deren Bedeutung in zahlreichen Genburtsbildern werden ausführlich besprochen. Das Fixsternbuch füllt eine wichtige Lücke in der Literatur der Horoskopdeutung.

Reinhold Ebertin
Ereignistabellen

2. Aufl., 47 S. mit 5 Zeichn., geh. ISBN 3-87186-047-6

Wer mit Sonnenbogendirektionen arbeitet, braucht diese Tabellen. Sie helfen, Berechnungszeit zu sparen und die Geburtszeit zu korrigieren.

Hilfstabellen

zur Berechnung der Gestirnstände

12. Aufl., 32 S. geh. ISBN 3-87186-031-X

Die Hilfstabellen sind bei der Berechnung eines Geburtsbildes sowie für die Korrektur der Geburtszeit eine unentbehrliche Arbeitshilfe.

Gerhard Krüger
Plutotabellen

3. Aufl., 24 S. geh. ISBN 3-87186-041-7

Die Tabellen gelten für die Jahre 1851 bis 2000 und beziehen sich jeweils auf den Monatsersten. Für die tägliche Bewegung ist im Anhang eine Interpolationstabelle enthalten.

Ebertin Verlag · Freiburg im Breisgau